Fehler verhindern

in Excel 2019 und 365

Ina Koys

kurz & knackig, Band 17

Inhalt

0 Was in diesem Heft erklärt wird ... 1
1 Was unterscheidet die beiden Excel-Versionen eigentlich? . 2
2 Mappen gar nicht öffnen lassen ... 3
3 Alle Änderungen verhindern ... 7
3.1 Variante 1: mit Dateischutz ... 7
3.2 Variante 2: Schützen der Arbeitsblätter ... 8
3.3 Variante 3: Arbeitsblätter ausblenden ... 10
4 Verhindern, dass Blätter gelöscht werden ... 12
5 Änderungen an bestimmten Stellen erlauben ... 14
6 Nur bestimmte Änderungen erlauben ... 23
6.1 Die Datenüberprüfung ... 23
6.2 Zum Vorführen: der Schieberegler ... 35
7 Nachsehen, was wann passiert ist ... 40
8 Freie Eingaben wiederholen ... 52
9 Gemeinsames Arbeiten in Excel 365 ... 62
10 Weiterführendes ... 70

0 Was in diesem Heft erklärt wird

In Unternehmen und auch privat sind Excel-Arbeitsmappen der Dreh- und Angelpunkt wichtiger Zahlen und Daten. Fehlerhafte Eingaben sind nicht nur ärgerlich, sie kosten hinterher Zeit, Geld und Nerven. Das ist aber gar nicht nötig. Sorgen Sie dafür, dass Leute wirklich nur das eingeben oder löschen können, was wirklich sinnvoll ist und verbringen Sie Ihre Zeit lieber mit angenehmen und wichtigen Dingen. Hier lernen Sie verschiedene Möglichkeiten kennen, dass alles genau so läuft wie gewünscht.

Die Bildschirmfotos sind in Excel 365 erstellt worden, Excel 2019 ist seltener und unterscheidet sich bei meisten besprochenen Funktionen nur optisch. Die Neuigkeiten in Excel 365 sind in einem eigenen Kapitel besprochen.

Die Beispieldateien sind hier wahrscheinlich entbehrlich, können bei Bedarf aber heruntergeladen werden von

www.kurzundknackig.online

Viel Erfolg dann beim Sichern Ihrer Informationen!

1 Was unterscheidet die beiden Excel-Versionen eigentlich?

Viele Unklarheiten herrschen bei der Frage, welche Version eigentlich die aktuelle ist. Von Wiederverkäufern können oft legale Lizenzen erworben werden, die als „Office 2019“ bezeichnet werden, aber eigentlich Office 365 sind. Der erste Unterschied ist ein finanzieller: eine Office-2019-Version kostet bei Microsoft einmalig um die 200 Euro. Office 365 kostet bei Wiederverkäufern ab ca. 60 Euro – diese dann aber als Jahresabo, das alle 365 Tage erneuert werden muss.

Ein weiterer wichtiger Unterschied ist, dass mit Office365 immer einen Cloudspeicherort mitgeliefert wird, der sich wunderbar zum Teilen und gemeinsamen Bearbeiten von Excel-Dateien eignet. Was jetzt aber nicht zwingend heißt, dass dieser Speicherort im Unternehmen verwendet wird oder von allen Beteiligten zugreifbar ist. Office 2019 dagegen hat keine Cloud-Anbindung und ist ausdrücklich für Nutzer geschaffen, die das auch nicht wollen.

Welche Version Sie haben, wird Ihnen neuerdings beim Programmstart mitgeteilt. Wenn Sie dort lesen, dass Sie Excel 365 verwenden, werfen Sie einen Blick in das Kapitel 9. Alle anderen Inhalte dieses Heftchens gelten für beide aktuellen Versionen, großenteils auch für die Vorversionen.

2 Mappen gar nicht öffnen lassen

Dies ist die härteste Art, Nutzer auszusperren. Beim Versuch die Datei zu öffnen, wird nach dem Passwort gefragt und wer es nicht kennt, kommt nicht rein. Gar nicht. Übrigens auch der Ersteller nicht, falls er das Passwort mal vergisst. In Unternehmen ist dieses Verfahren deshalb manchmal verboten, weil wenn dem Ersteller einmal etwas passiert, womöglich firmenwichtige Daten nicht verfügbar sind. Hier also erst einmal überlegen und dann vielleicht doch besser auf einem geschützten Netzwerkspeicher ablegen, wo zumindest der Administrator sich Zugriff verschaffen kann.

Wenn Sie dann doch entschieden haben, dass es eine gute Idee ist die Welt so rigide auszusperren, geht es also folgendermaßen: Klicken Sie auf das Register **Datei**, damit sich der sogenannte Backstagebereich öffnet.

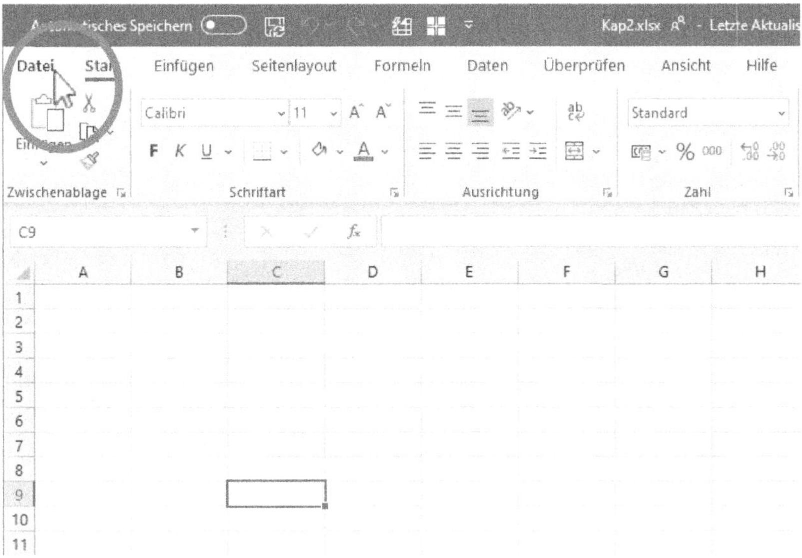

Gehen Sie dort in den **Speichern-Unter**-Dialog. Wenn Sie Excel 365 verwenden, klicken Sie auf **Mehr Optionen...**, in Excel 2019 auf **Durchsuchen**.

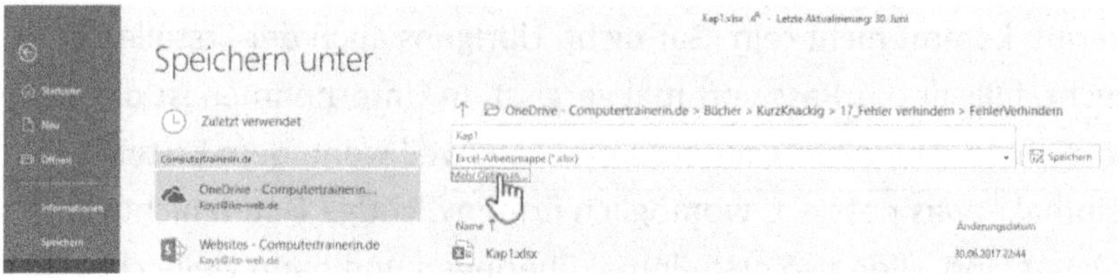

Es öffnet sich jetzt das bekannte **Speichern**-Fenster.

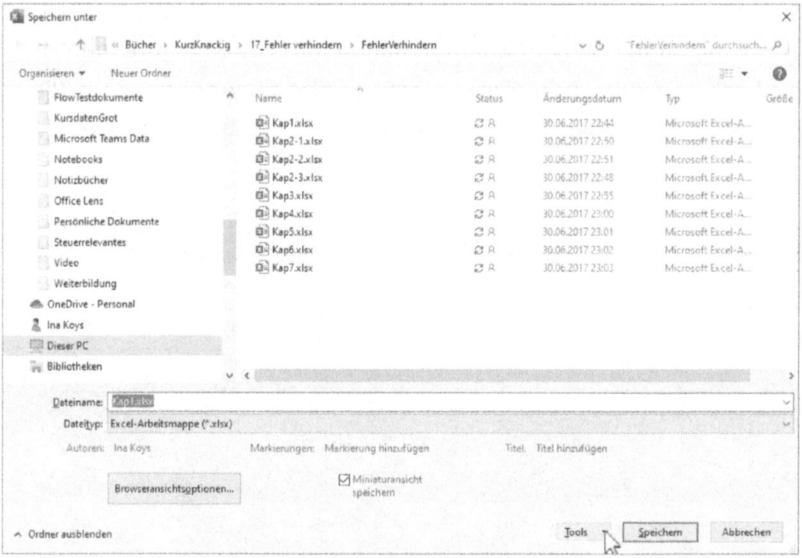

Links neben dem **Speichern**-Knopf gibt es den Knopf **Tools**. Wählen Sie aus dem Klappmenü **Allgemeine Optionen**.

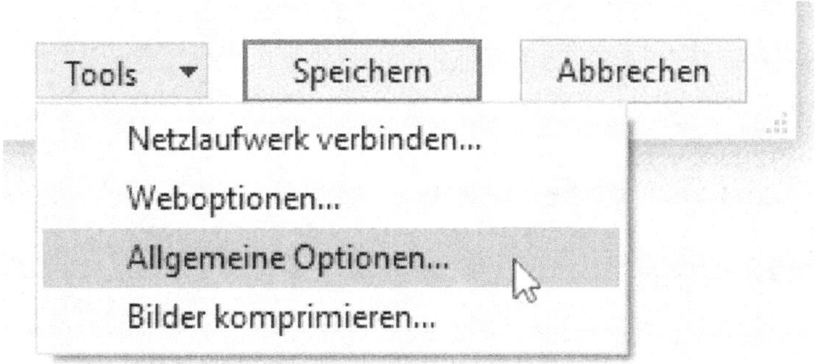

Es öffnet sich ein Fenster, in dem das Passwort zum Öffnen hinterlegt werden kann. Ein gutes Passwort ist möglichst lang, enthält Zahlen und Zeichen und steht in keinem Wörterbuch. Um sich später noch daran zu erinnern, können Sie z.B. ein wichtiges Ereignis aus Ihrem Leben in einen Satz fassen. Verwenden Sie nur die Anfangsbuchstaben, Zahlen und Satzzeichen, daraus, dann wird das Passwort nahezu unerratbar.

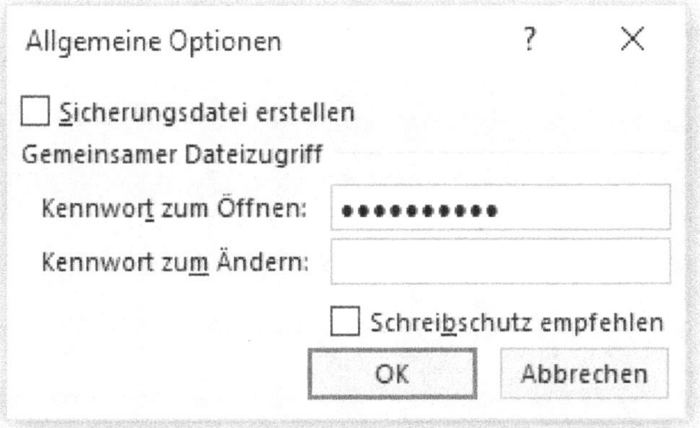

Sie müssen dann das Passwort noch einmal wiederholen und natürlich die Datei speichern.

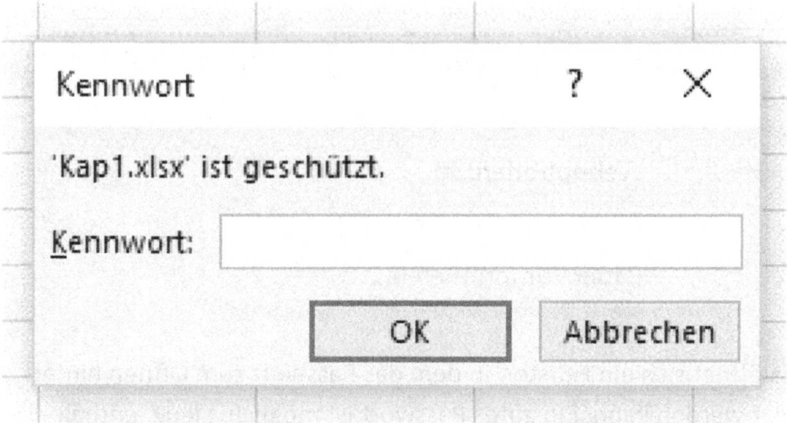

Wenn die Mappe nach dem Schließen wieder geöffnet werden soll, wird das Kennwort abgefragt. Wer es nicht kennt, bleibt draußen.

Übrigens: wo immer in den Übungsdateien zu diesem Heft ein Passwort verwendet wird, ist es ein symbolisches: **a**

3 Alle Änderungen verhindern

Häufig wollen Sie vielleicht, dass andere die Mappe öffnen, aber den Inhalt nur zur Kenntnis nehmen können – sehen, aber nichts anfassen. Einrichten lässt sich das auf drei verschiedene Wege.

3.1 Variante 1: mit Dateischutz

Die erste Variante funktioniert ganz ähnlich wie der komplette Zugriffsschutz eben. Wählen Sie wie oben die **Allgemeinen Optionen** aus den Speichertools, verteilen Sie diesmal aber ein Kennwort zum Ändern.

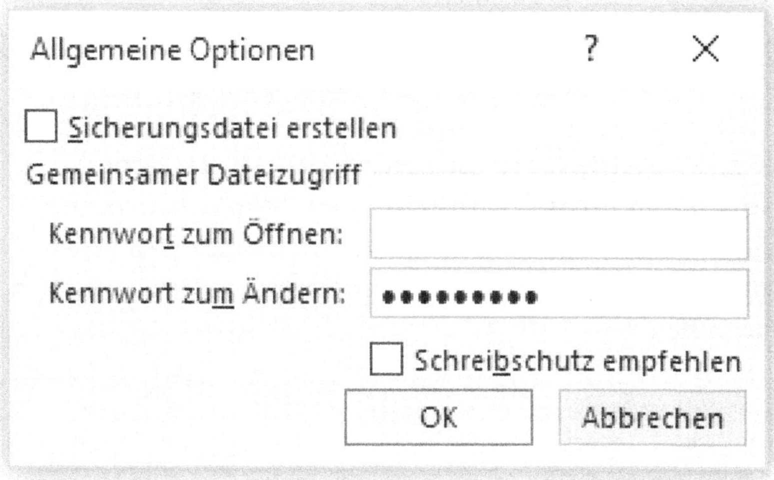

Die Sache funktioniert, allerdings wird mancher, der die Datei auch nur ansehen möchte, den Inhalt des Fensters nur flüchtig lesen und falsch verstehen.

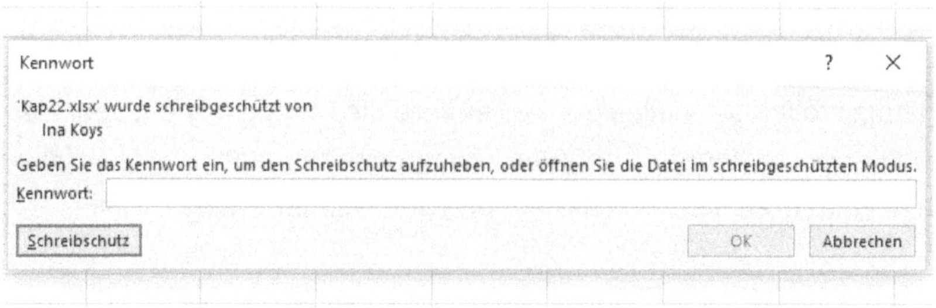

Vielfach glauben Anwender, dass sie hier ohne Passwort abbrechen müssen – das ist aber ein Irrtum! Jeder kann auf **Schreibschutz** klicken, um die Mappe zu öffnen und einzusehen. Das dann aber im schreibgeschützten Zustand. Sie sollten also den anderen dann jeweils sicherheitshalber mitteilen, wie die Sache funktioniert, sonst scheitert der Plan an der Praxis.

3.2 Variante 2: Schützen der Arbeitsblätter

Am praktikabelsten ist es wahrscheinlich Nutzer die Mappe zunächst öffnen zu lassen, sie dann aber erst beim Versuch der Eingabe oder Änderung von Daten darauf hinzuweisen, dass das an dieser Stelle verhindert wurde. Gehen Sie dazu in die Registerkarte **Überprüfen**

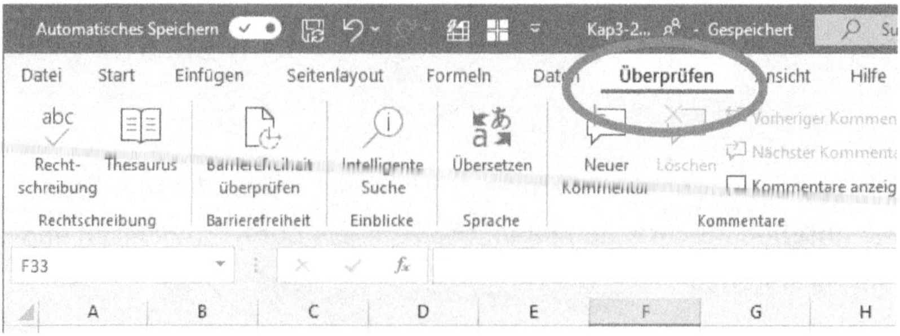

und dort auf die Schaltfläche **Blatt schützen**

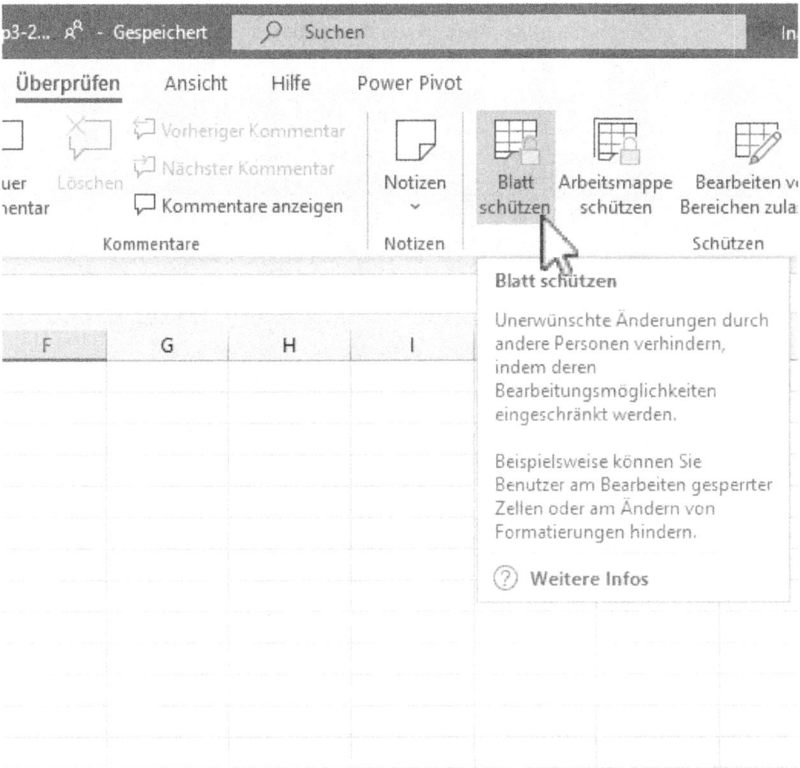

Sie werden dann nach einem Kennwort gefragt, das man zum Testen ruhig weglassen kann, später sollte es durchaus ein sicheres Passwort wie oben sein.

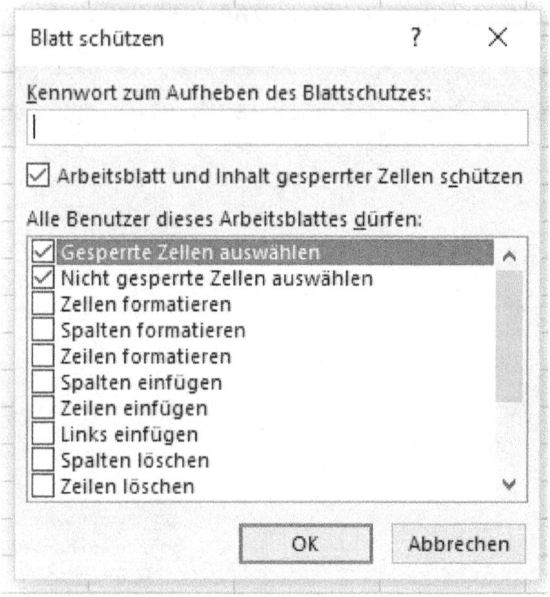

Wenn Sie das Passwort verteilen, bekommen Sie noch einmal eine Sicherheitsabfrage, danach kann jeder alles ansehen, aber nichts ändern.

Falls Sie dieses Fenster jetzt neugierig gemacht hat – wir kommen darauf im Kapitel 5 noch einmal zurück.

3.3 Variante 3: Arbeitsblätter ausblenden

Man kann Arbeitsblätter einer Mappe auch komplett unsichtbar machen. Dabei ist dann allerdings zu hoffen, dass sich dann auch derjenige, der sie ausgeblendet hat, später wieder daran erinnert und nicht erschreckt feststellt, dass hier wichtige Informationen komplett fehlen...

Klicken Sie also mit der rechten Maustaste auf den Namen des auszublendenden Blattes und wählen Sie aus dem Kontextmenü **Ausblenden**. Dann ist es verschwunden.

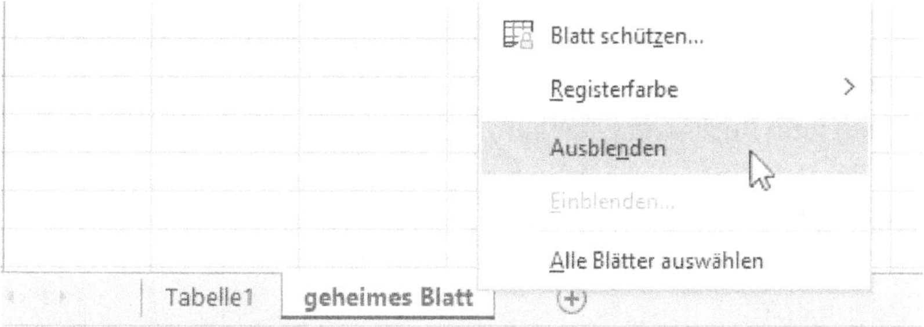

Will man es wiederbekommen, führt man wieder einen rechten Mausklick auf eins der verbliebenen Tabellenblätter aus und bekommt dann alle derzeit ausgeblendeten Blätter zur Auswahl angeboten.

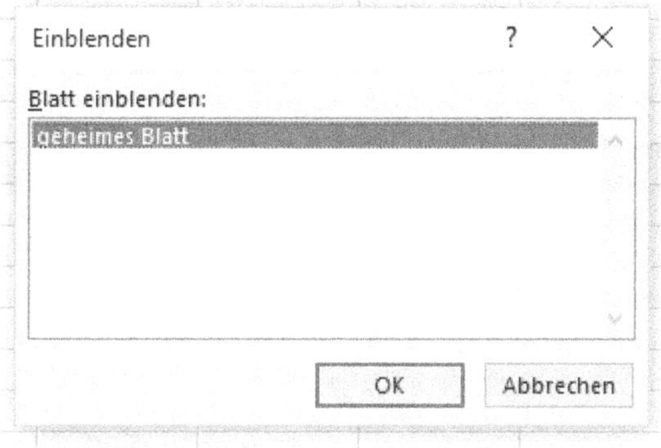

Damit ist es also so mittel-geheim. Damit es ganz geheim bleibt, muss in diesem Fall dann noch die Arbeitsmappenstruktur geschützt werden. Wie das geht, steht im nächsten Kapitel.

4 Verhindern, dass Blätter gelöscht werden

Bisher haben wir uns angesehen, wie man ganze Dateien schützt oder Zelleingaben verhindert. Es soll aber schon vorgekommen sein, dass Leute ganze Arbeitsblätter löschen. Das ist umso ärgerlicher, als man den Vorgang nicht rückgängig machen kann. Weg ist weg. Da hilft kein Rückgängigmachen, da kann man höchstens, wenn man es rechtzeitig merkt, die Arbeitsmappe ungespeichert schließen und dann alle sonstigen Arbeitsschritte noch mal von vorn anfangen.

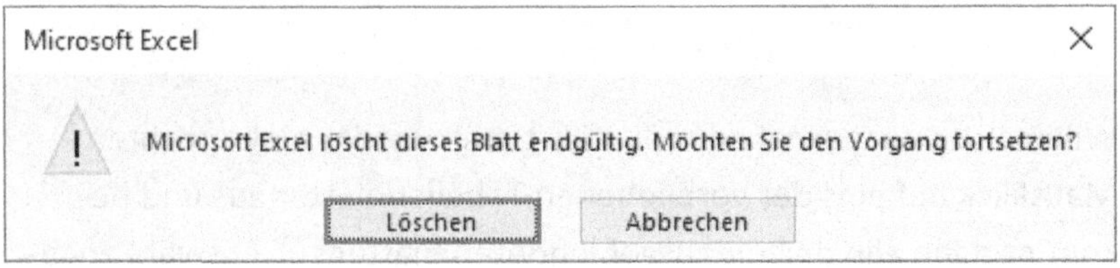

Damit das nicht passiert und auch, damit man ausgeblendete Arbeitsblätter nur mit Passwort wieder einblenden kann, gibt es in der Registerkarte **Überprüfen** den Arbeitsmappenschutz.

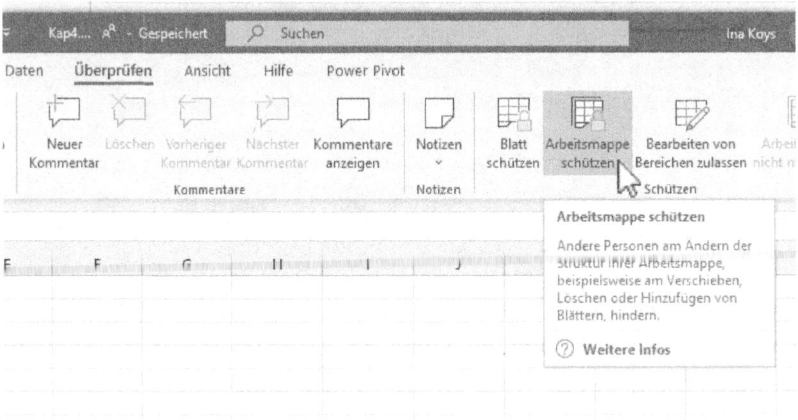

Auch hier müssen Sie natürlich kein Kennwort verteilen, ganz ohne ist der Nutzwert aber auch begrenzt.

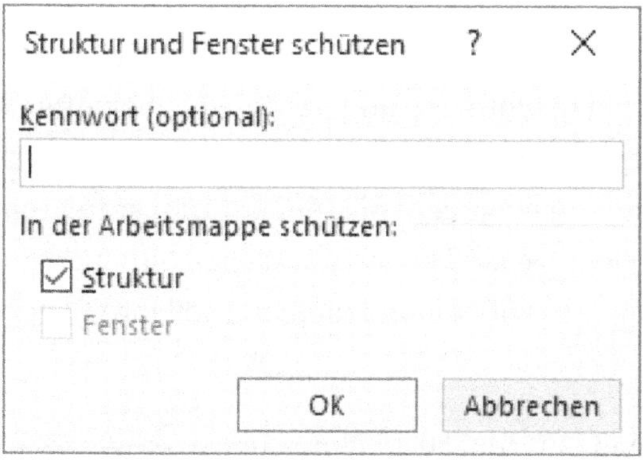

Wie üblich müssen Sie dann das Passwort noch einmal bestätigen,

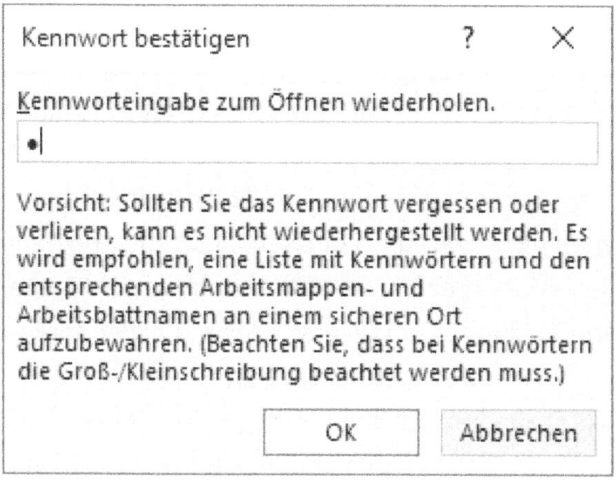

Danach müssen Sie sich aber wirklich später noch dran erinnern, sonst bleibt das Blatt ewig ausgeblendet.

5 Änderungen an bestimmten Stellen erlauben

Der wahrscheinlich häufigste Fall ist, dass man Teile eines Arbeitsblattes schützen möchte und andere für Eingaben offen halten. Sie haben z.B. Berechnungen hinterlegt und ein anderer Nutzer soll nur die Ausgangswerte eingeben müssen, um zum korrekten Ergebnis zu kommen. Oder Sie sind in der glücklichen Situation mit dicken Margen rechnen zu können und niemand soll Ihre Gleichungen einsehen.

Dazu sollte man sich zunächst klarmachen, dass ein Excel-Arbeitsblatt sehr groß sein kann: aktuelle Versionen unterstützen 1.048.576 Zeilen und 16.384 Spalten – wollte man die alle im Bedarfsfall schützen, hätte man viel zu tun. Ganz im Gegenteil ist es ja oft so, dass nur in wenige Zellen Eingaben gemacht werden müssen, alle anderen rechnen damit wasserfallartig weiter. Es ist also sinnvoll, dass wie oben beim Schützen der Arbeitsblätter standardmäßig alle Zellen vom Schutz erfasst werden. Soll nun der Schutz für bestimmte Zellen nicht gelten, so müssen diese entsprechend vorbereitet werden. Markieren Sie sie und öffnen Sie das Fenster **Zellen formatieren.** Dorthin führen diverse Wege, u.a. der Klick auf das Kästchensymbol in der Registerkarte **Start** im Bereich **Zahl**. Es öffnet sich dann das Dialogfenster, das in vorigen Versionen häufig verwendet wurde, jetzt aber durch andere Möglichkeiten weitgehend ersetzt wurde. Zum Zellschutz ist es aber weiterhin der einzige Weg.

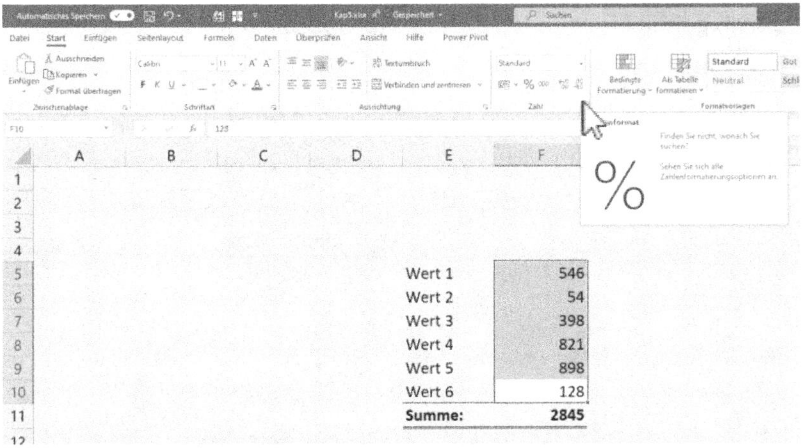

Das Dialogfenster hat sechs Registerkarten, von denen hier nur die letzte interessiert, nämlich **Schutz**.

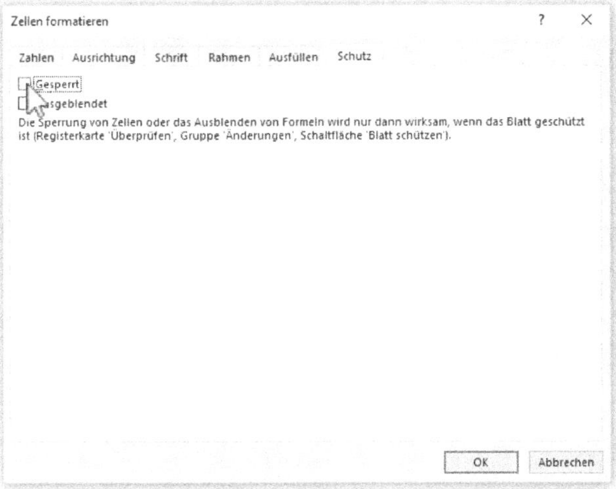

Entfernen Sie hier das Häkchen bei **Gesperrt** für alle Zellen, in denen Sie Eingaben erlauben möchten und klicken Sie **OK**.

Danach gehen Sie in die Registerkarte **Überprüfen** und klicken Sie **Blatt schützen**.

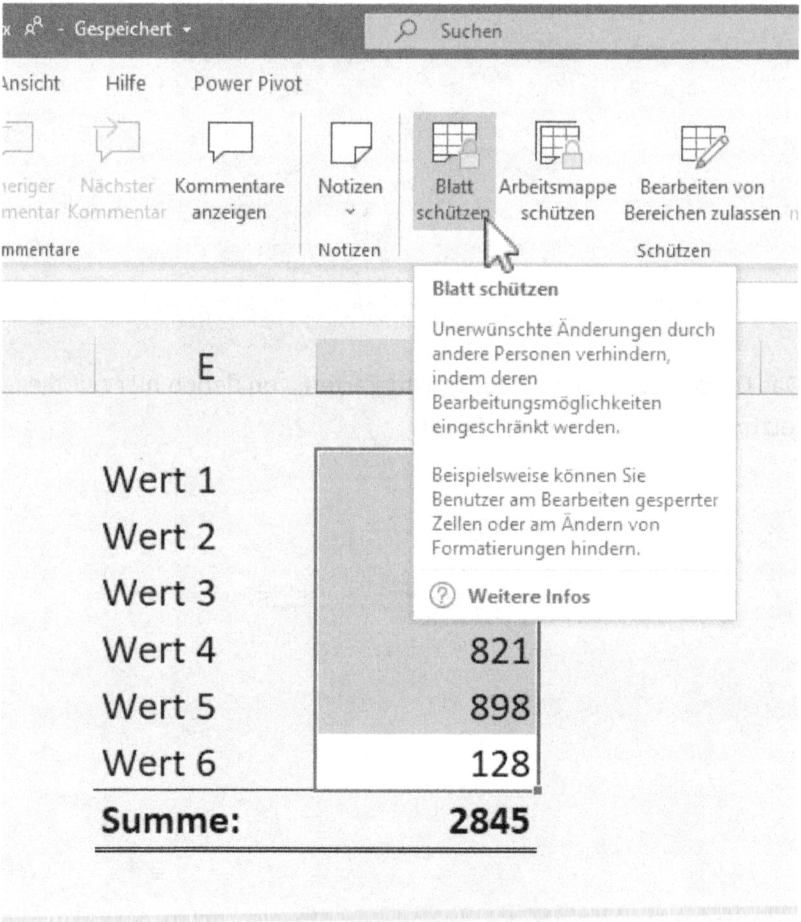

Sehen wir uns jetzt das Fenster näher an, in dem wir beim Schützen des ganzen Blattes schon einmal waren.

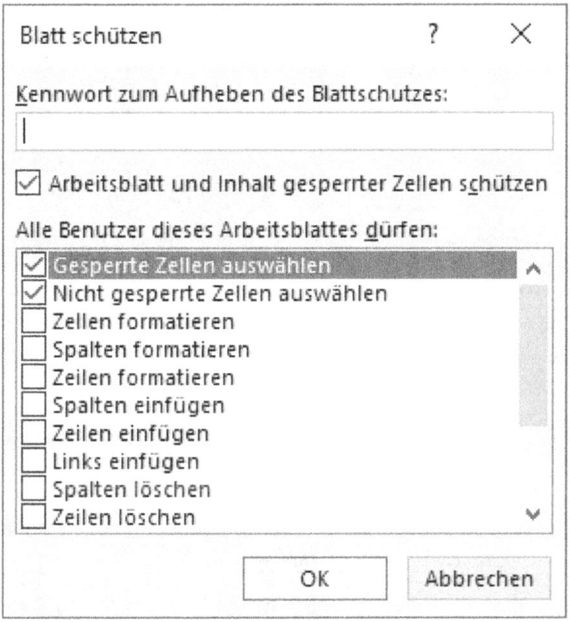

Jetzt wird klar, warum in der Auswahlliste gesperrte und nicht gesperrte Zellen erwähnt sind. Frei übersetzt bedeuten die Standardvorschläge also, dass jeder Nutzer zwar immer überallhin klicken kann, alles andere in „normalen" Zellen aber verboten ist, sobald **OK** ausgewählt wird. Nur die Zellen, die vorher vom Zellschutz befreit wurden, sind davon nicht erfasst. Dort können beliebige Eingaben gemacht werden.

Wie Sie wahrscheinlich feststellen werden funktioniert die Sache zwar, ist aber noch verschönerungsfähig.

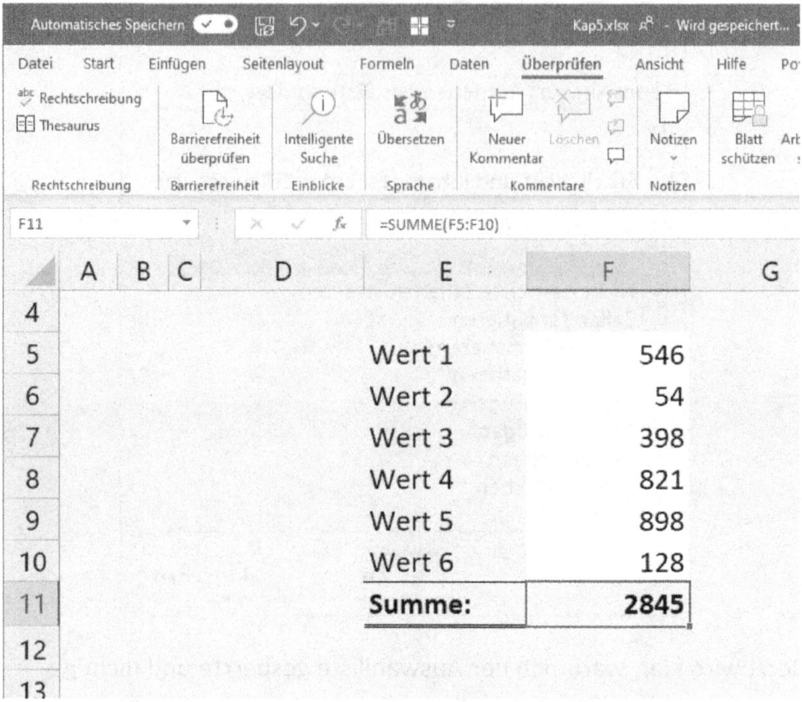

In die Ergebniszelle kann noch geklickt werden und jeder sieht was und wie dort gerechnet wird. Und wenn man in eine nicht zur Eingabe erlaubte Zelle klickt und losschreiben möchte, wird man erst mit einem sich öffnenden Fenster darauf hingewiesen, dass das hier blockiert wurde. Und haben Sie ausprobiert was passiert wenn Sie vielleicht noch einen Wert 7 einfügen müssen oder schlicht die Spalten für bestimmte Eingaben zu schmal sind? Dann geht mit der Standardversion nichts mehr und wir sollten uns deshalb den Blattschutz-Dialog noch einmal näher ansehen.

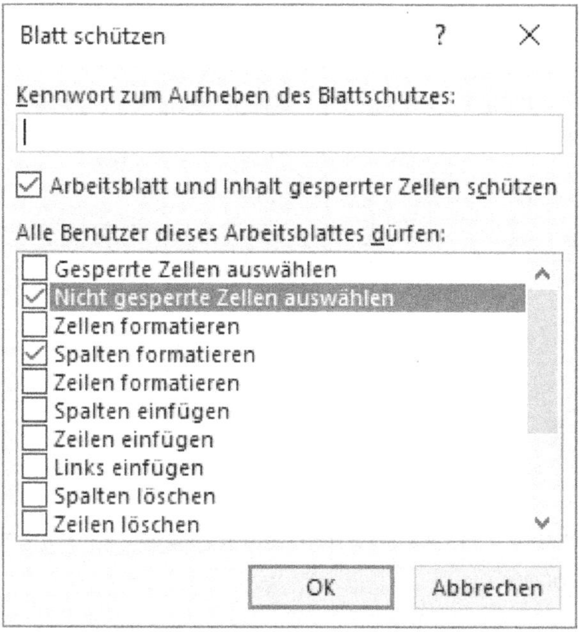

Hier habe ich jetzt ein paar Änderungen vorgenommen:

- Das oberste Kästchen wurde enthakt, jetzt kann ohne Passwort nur noch in ungesperrte Zellen geklickt werden und das nervige Dialogfenster entfällt. Deshalb kann auch niemand mehr die Gleichung ansehen.
- Man kann jetzt Spalten schmaler und breiter machen – andere Eigenschaften haben sie ja praktisch nicht.

Das klappt. Was ist nun aber, wenn in der Liste noch weitere Werte eingefügt werden können sollen? Damit das möglich ist, muss zunächst der Blattschutz aufgehoben…

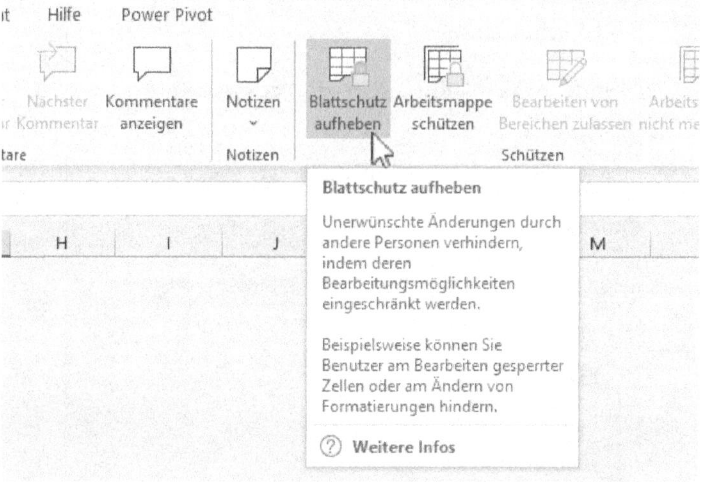

und wieder neu eingelegt werden, damit Änderungen angebracht werden können:

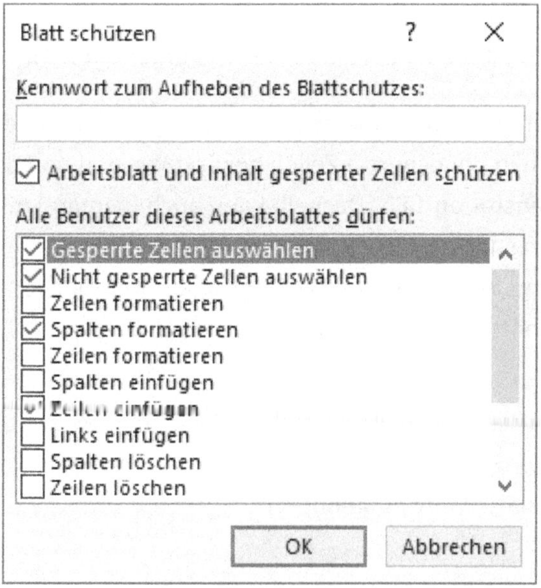

Das Einfügen neuer Zeilen funktioniert nur wenn die gesperrten Zellen auswählbar sind – hier muss man an der Nutzerführung also einen Kompromiss machen.

Fügen Sie jetzt also vielleicht ein paar Wertezeilen neu ein und testen Sie, was aus den sonstigen im obigen Fenster angebotenen Möglichkeiten vielleicht für Sie verwendbar ist. Danach können wir uns dann ansehen, wie man die Eingabe von zu grobem Unfug verhindert.

Zwei Hinweise aber noch zum menschlichen Faktor: Wenn Sie Zellen für die Nutzereingabe verschließen, sollten Sie das optisch kenntlich machen. In unserem Beispiel habe ich dazu das gesamte Tabellenblatt hellgrau hinterlegt und die „offenen" Zellen hinterher wieder farblos gemacht. Dazu habe ich zunächst auf die Wurzelzelle geklickt, die ganz oben vor den ersten Zeilen- und Spaltenbeschriftungen steht,

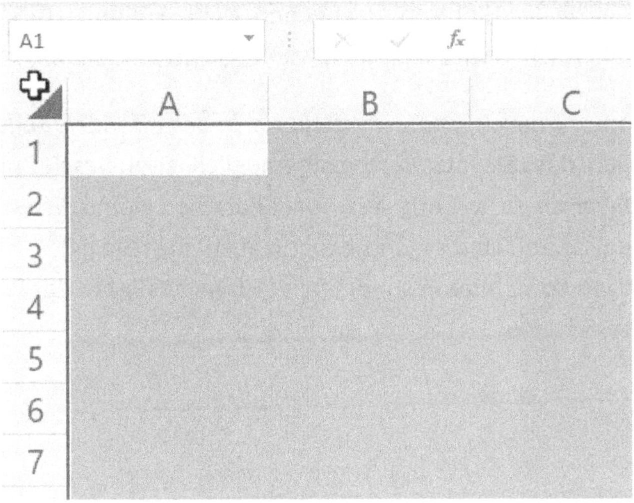

und dann über den Farbtopf in der Registerkarte **Start** eine geeignete Farbe ausgefüllt.

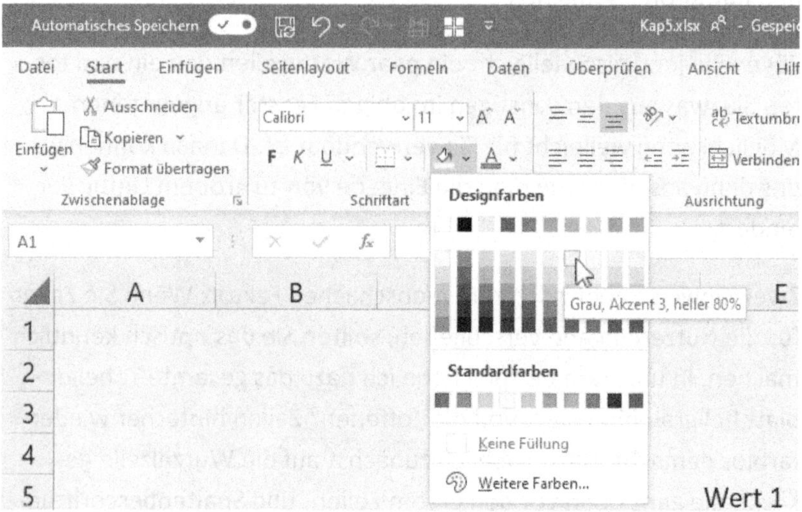

Danach wurden die nicht gesperrten Zellen ausgewählt und ihnen wieder ein weißer Hintergrund gegeben, **Keine Füllung** würde auch die grauen Striche zwischen ihnen wieder sichtbar machen.

Außerdem würde ich Ihnen empfehlen den betreffenden Kollegen mitzuteilen, dass Sie jetzt die Eingabemöglichkeiten beschränkt haben und warum das wichtig war. Sonst kommen womöglich Missverständnisse auf. Und sagen sie ihnen auch, dass Sie ggf. Änderungen vornehmen können, falls sich nicht alles in der Praxis bewährt.

6 Nur bestimmte Änderungen erlauben

Im Beispiel der obigen Datei passiert weiter nichts, wenn jemand in eine der zu addierenden Zellen Text eingibt. Der Inhalt geht nicht in die Summe ein und fertig. Was aber, wenn z.B. bei einer Leihgebühr durch einen Tippfehler das Ausleihdatum plötzlich nach dem Rückgabedatum liegt? Dann müsste man dem Kunden noch Geld auszahlen, statt es einzunehmen. Auch Uhrzeitangaben können es in sich haben: viele Nutzer tippen die Zeiten nur mit einem Punkt ein. Das ist nicht DIN-gerecht und deshalb versteht Excel die Eingabe dann auch nicht richtig. Es wäre also gut dafür zu sorgen, dass derlei Fehler gleich an der Quelle verhindert und nicht später nachgeputzt werden müssen. Zu diesem Zweck gibt es zwei Möglichkeiten.

6.1 Die Datenüberprüfung

Sehen wir uns das an einem Beispiel an. Es gibt also den Autoverleih Bleifuß, bei dem das Auto pro Tag 49,99 € kostet. Der Mitarbeiter am Tresen lässt sich von Excel jeweils den fälligen Betrag ausrechnen.

So lange jeder korrekte Daten eingibt, funktioniert das ganz prima, entsteht aber ein Eingabefehler, tritt der Zahlungsfall für den Verleiher ein:

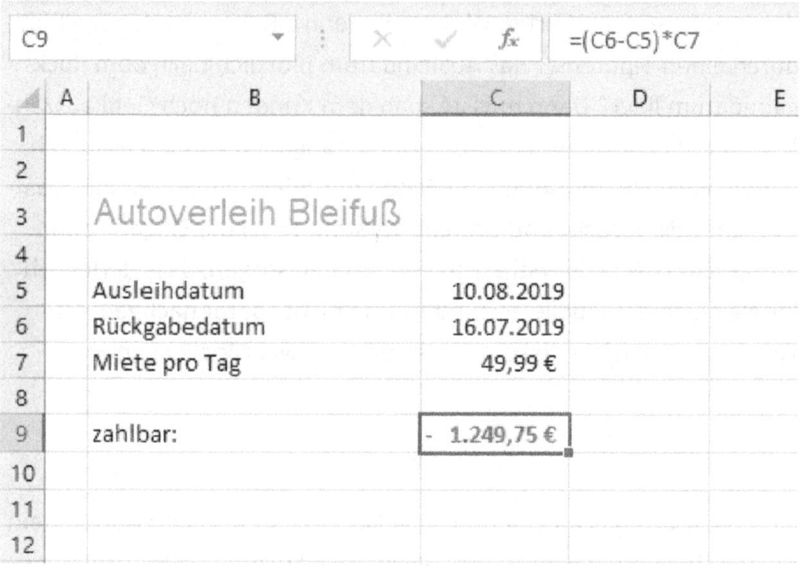

Es ist aber schlicht nicht möglich, dass die Rückgabe vor der Ausleihe liegt. Da das heutige Datum mit Hilfe der Funktion **=heute()** immer zwangsläufig korrekt ist, muss nur das Ausleihdatum überwacht werden.

Klicken Sie dazu in die Zelle mit dem **C9** mit dem Ausleihdatum und wählen Sie aus der Registerkarte **Daten** im Bereich **Datentools** den Eintrag **Datenüberprüfung**.

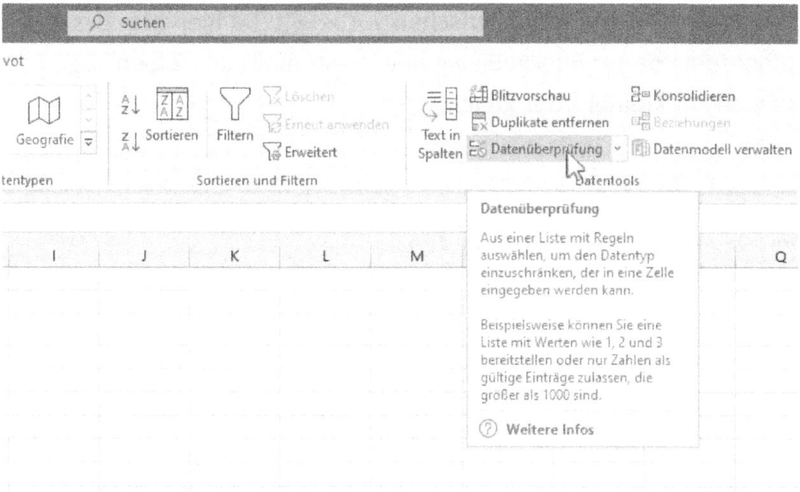

Im sich öffnenden Dialogfenster kann man zunächst den Datentyp auswählen, bevor weitere Optionen zur Verfügung stehen.

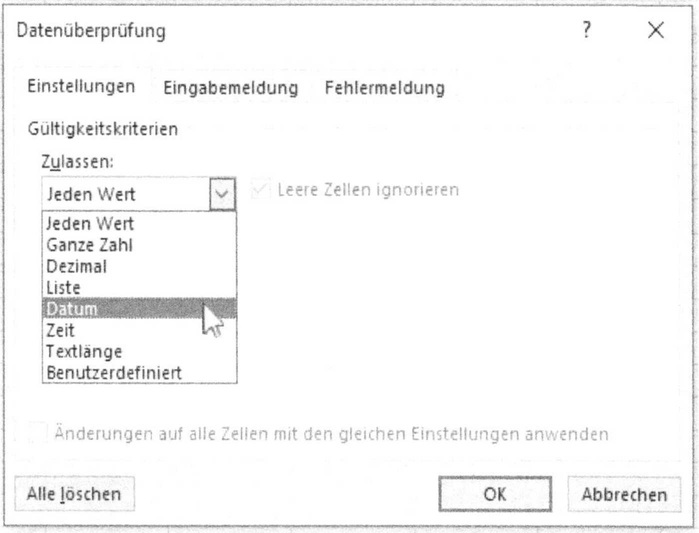

Standardmäßig ist immer **zwischen** vorbelegt. Da hier aber das Ausleihdatum vor der Rückgabe lag oder bestenfalls am selben Tag, wählen wir **kleiner oder gleich**.

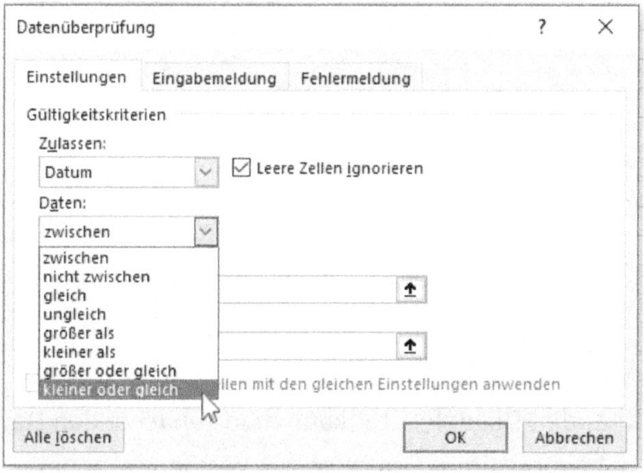

Nach Klick auf **OK** werden alle Neueingaben auf Gültigkeit überprüft und bei Fehleingaben ein etwas nichtssagendes Dialogfenster ausgegeben.

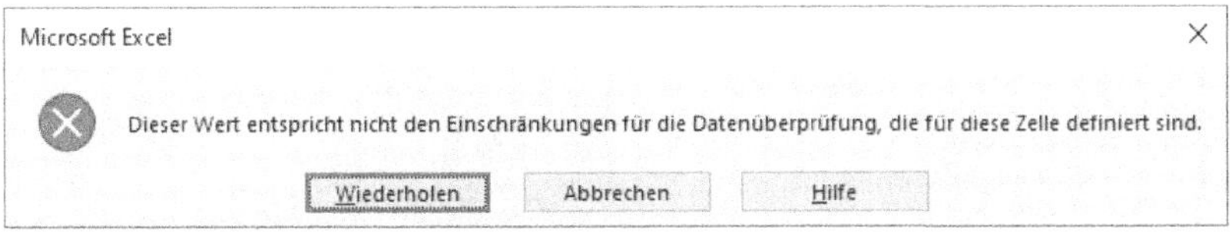

Wer tatsächlich nicht weiß, wo hier der Fehler gelegen haben kann, ist danach auch nicht schlauer. Für solche Zwecke gibt es aber im Fenster der Datenüberprüfung die zweite, eben noch ignorierte Registerkarte Eingabemeldung. Hier können wir einen Hinweis mitgeben, der dem Nutzer schon bei Anklicken der Zelle informiert, was von ihm erwartet wird.

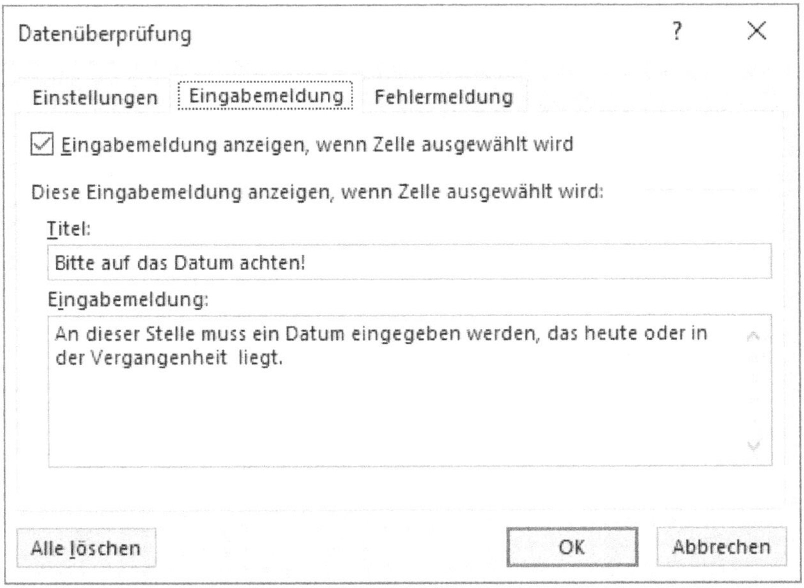

Diese Meldung eignet sich in erster Linie für die Fälle, in denen Leute nur gelegentlich mit dieser Tabelle arbeiten

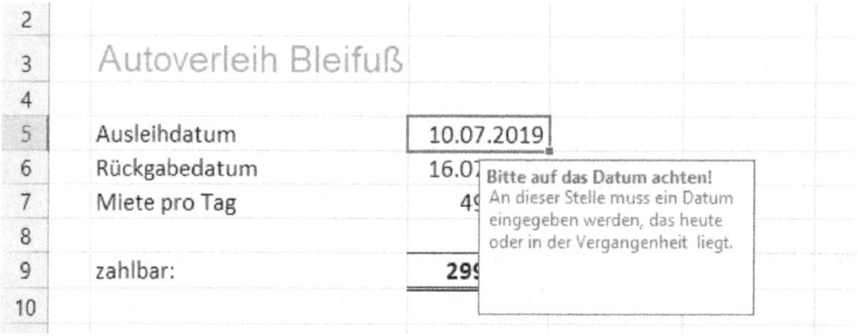

Wer ständig mit der Tabelle arbeitet, im Grunde weiß worum es geht und nur an Tippfehlern gehindert werden soll, wird davon womöglich eher genervt sein. In diesem Fall kann man entweder das Ausfüllen dieser Registerkarte überspringen oder aber das Kontrollkästchen oben im Fenster entklicken.

Zum Auffangen und Behandeln von Eingabefehlern ist dann in jedem Fall die dritte Registerkarte **Fehlermeldung** gedacht.

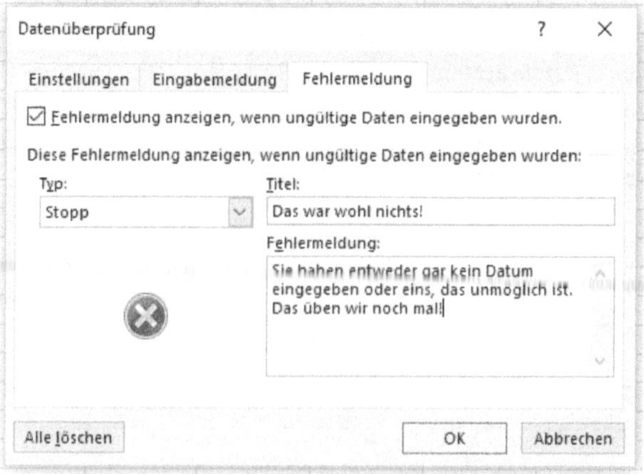

Diese erzeugt dann bei Fehleingaben ein entsprechend aussagekräftiges Fenster:

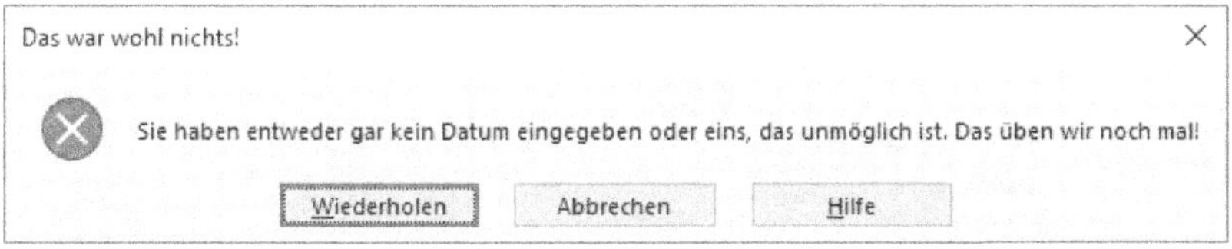

Der Nutzer ist jetzt informiert und kann die Eingabe noch einmal testen oder gleich aufgeben – einen ausgeschlossenen Wert bekommt er aber nicht in die Zelle.

Häufig kann das eine gute Idee sein. Gelegentlich würde aber eine flexiblere Reaktion besser funktionieren. Dazu verlassen wir den Autoverleih und sehen uns die Bestellliste eines Möbelgroßhandels an. Dort sind natürlich umfangreiche Bestellungen sehr gern gesehen, die Frage ist nur, ob immer rechtzeitig geliefert werden kann. Wir gehen also davon aus, dass von allen Artikeln immer 10 Stück am Lager sind und genau diese Menge jederzeit zugesagt werden kann. Falls ein Kunde mehr bestellt, muss erst mit dem Einkauf geklärt werden ob das geht. In jeder Zelle kann nur eine Datenprüfung hinterlegt werden, deshalb werden wir für außergewöhnliche Zahlen und kompletten Unfug jeweils die selbe Fehlermeldung verwenden müssen.

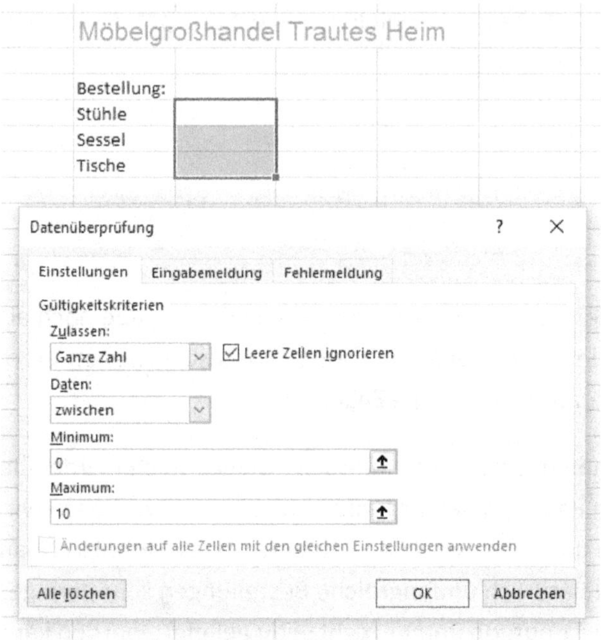

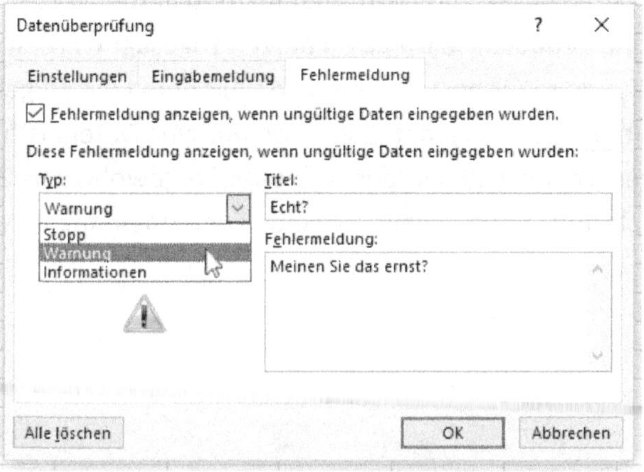

Da wir davon ausgehen dass die Mitarbeiter sich auskennen, überspringen wir hier die Eingabemeldung und kümmern uns nur um die

Fehlermeldung. Hier ist entscheidend einen anderen Meldungstyp zu wählen, nämlich hier die **Warnung**. Die Warnung hält Eingaben nicht komplett auf, sie erzeugt nur eine Sicherheitsabfrage:

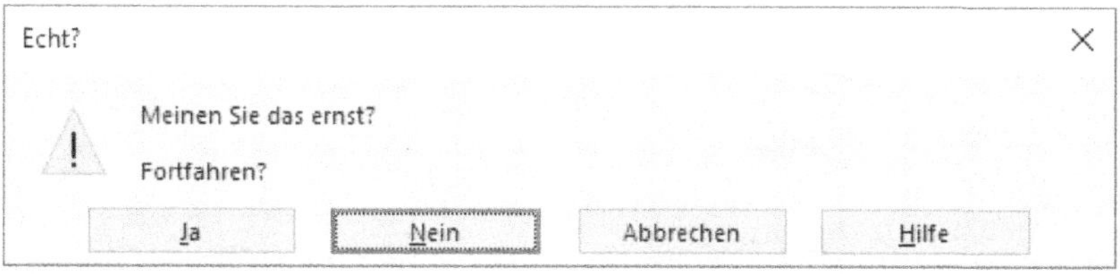

Der Nutzer kann jetzt auch unpassende Werte eingeben, sich aber nicht mehr darauf berufen, dass er es ja nicht besser wusste.

Im richtigen Leben würde ich übrigens deutlich mehr und erklärenderen Text für die Fehlermeldung eingeben, aber das könnte man hier auf so kleinem Format nicht mehr lesen.

Aber sehen wir uns noch ein anderes Beispiel an: nehmen wir an, dass es im Möbelgroßhandel ein Sortiment gibt, aus dem gewählt werden kann. Hier wurde das es an der Seite sichtbar hinterlegt, es könnte aber ebenso in ausgeblendeten Zellen oder einem anderen Blatt gelistet sein. Aktivieren Sie dazu zuerst die Zellen, in denen ausgewählt werden soll, schalten Sie dann die Datenüberprüfung ein und wählen Sie unter **Zulassen** die Liste aus. Um sich dann beim Eintippen des Zellbezugs nicht die Finger zu brechen kann man einfach in das Feld Quelle klicken um es zu aktivieren und dann außerhalb mit gedrückter linker Maustaste über die gewünschten Zellen streichen.

Nach Klick auf **OK** kann dann einer der vorgesehenen Artikel ausgewählt werden – kein anderer. Für diejenigen, die sich mit Namen in Excel auskennen: auch benannte Bereiche funktionieren hier.

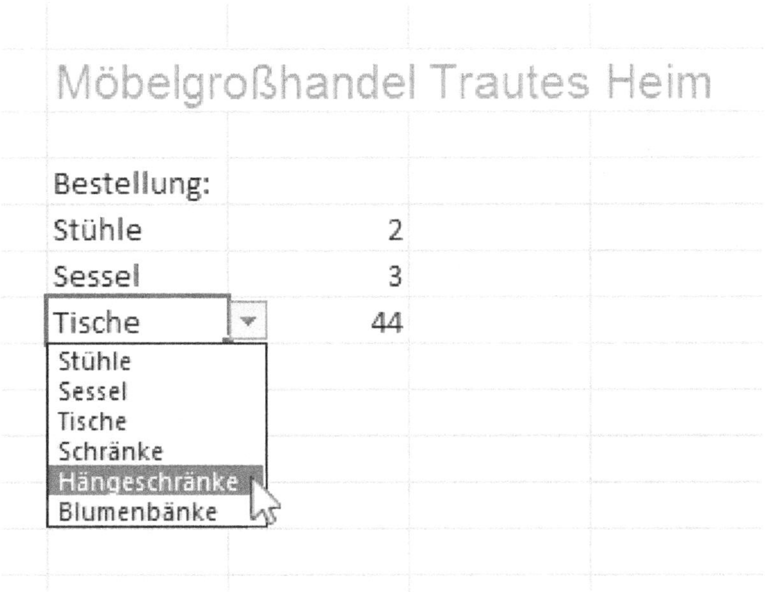

Weitere Anwendungsfälle können Sie sicher selbst ausprobieren. Aber eins sollte man vielleicht zur Abrundung noch erwägen: Noch kann jeder die Gültigkeitsprüfung wieder abschalten oder ändern. Es kann auch jeder in den anderen Zellen alles machen. Sofern also sicher ist, dass alle Funktionalitäten hinterlegt sind und nur noch die Eingaben an den definierten Stellen fehlen, wäre der Blattschutz wie unter Änderungen an bestimmten Stellen erlauben erläutert, wahrscheinlich eine gute Idee. Für unser Möbelhaus würden dann die Zellen mit den Bezeichnungen und Stückzahlen von der Sperrung ausgenommen, damit die gewünschten Eingaben auch gemacht werden können – aber nichts sonst. So eine Sperre hat im Übrigen auch den Vorteil, dass man sich leicht mit der **Tab**-Taste (die mit den beiden Pfeilen links auf der Tastatur) von Zelle zu Zelle klicken kann.

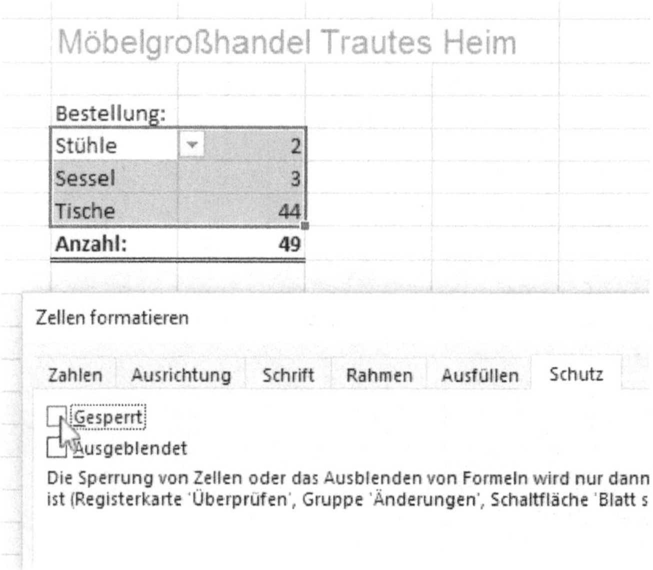

Wie Sie vielleicht bemerkt haben, wird die Datenüberprüfung bei Eingabe aktiv, sie hilft nicht, wenn die problematischen Zellinhalte schon vorgefunden werden. Sofern dieser Fall auch abgeprüft werden soll, belegen Sie zunächst die fraglichen Zellen mit einer Gültigkeitsprüfung. Dann wählen Sie den kleinen Klapppfeil neben der Schaltfläche **Datengültigkeit**:

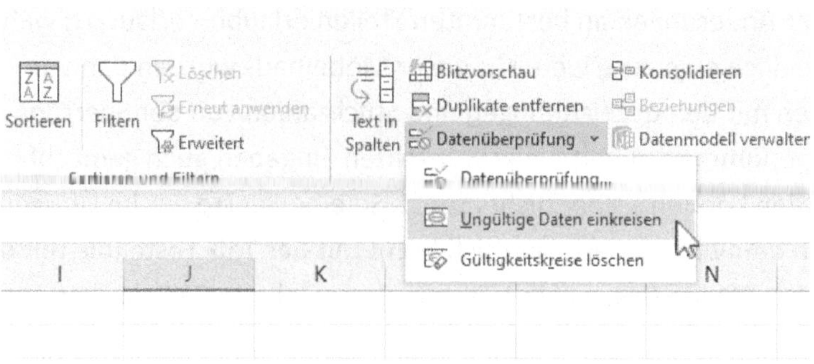

Autoverleih Bleifuß

Ausleihdatum	10.08.2019
Rückgabedatum	16.07.2019
Miete pro Tag	49,99 €
zahlbar:	**- 1.249,75 €**

Nach dem Klick hierauf werden die Zellen entsprechend markiert. Diese Markierung lässt sich dann durch Klick auf **Gültigkeitskreise löschen** wieder entfernen.

6.2 Zum Vorführen: der Schieberegler

Wenn es mal besonders professionell aussehen soll oder mit einer Hand auf dem Tablet bedienbar sein, können Zahleneingaben auch ohne Tastatur per Finger oder Maus getätigt werden. Als Beispiel wollen wir die Stückkosten für ein Produkt je nach verkaufter Anzahl errechnen lassen. Die Verkaufsmenge soll jeweils mit der Maus oder dem Finger auf dem Tablet innerhalb bestimmter Grenzen veränderbar sein, alle anderen Inhalte bleiben gleich.

C6 =C3/C5+C4

	A	B	C	D	E	F
2						
3		Fixkosten	5.457,00 €			
4		Stückkosten	3,53 €			
5		Verkauf	10	Stück		
6		Selbstkosten	549,23 €			
7						

Je nach der Anzahl der verkauften Artikel werden sich die Selbstkosten aber dramatisch ändern. Um das elegant vorzuführen, bauen wir in das Blatt einen Schieberegler ein. Damit uns der zur Verfügung gestellt wird, blenden Sie sich die Registerkarte **Entwicklungstools** ein. Klicken Sie dazu mit der rechten Maustaste auf einen beliebigen Registertitel und wählen Sie **Menüband anpassen...**

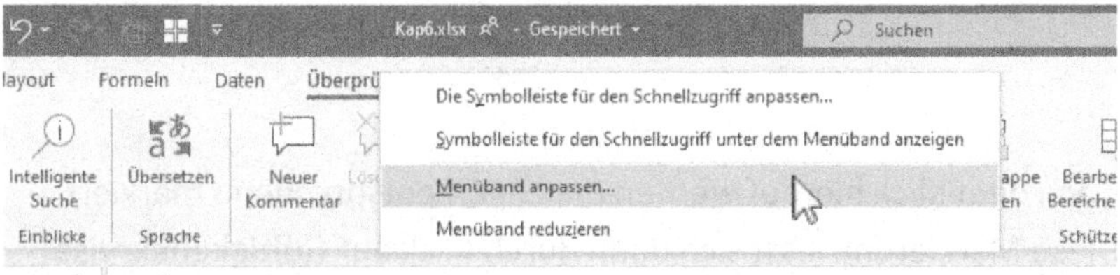

Aktivieren Sie in dem sich öffnenden Dialogfeld die wahrscheinlich einzig ausgeblendete Registerkarte **Entwicklungstools**.

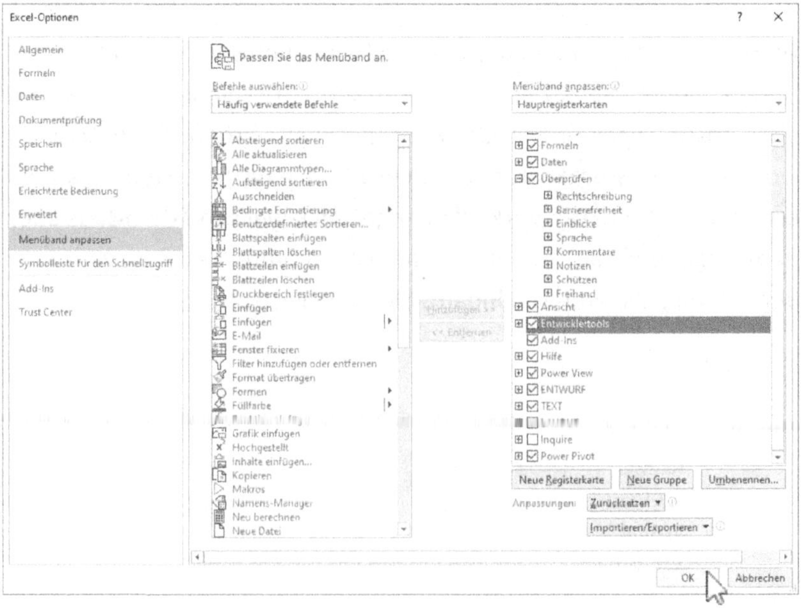

Diese Registerkarte ist normalerweise als Programmierschnittstelle gedacht, sie enthält aber auch Elemente, die sich mit etwas Kreativität auch ohne Programmierung verwenden lassen. Wählen Sie für unser Beispiel aus den **Formularsteuerelementen** die **Scrollleiste**.

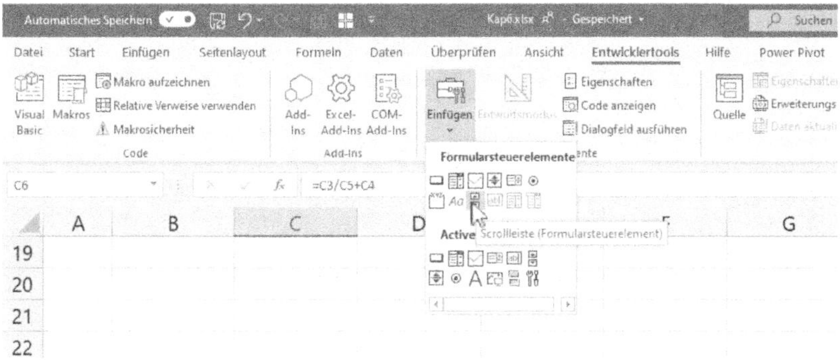

ActiveX-Steuerelemente täten es zwar auch, würden aber möglicherweise mit Sicherheitseinstellungen kollidieren. Malen Sie Ihre Scrollleiste mit gedrückter linker Maustaste an eine geeignete Stelle Ihres Tabellenblatts.

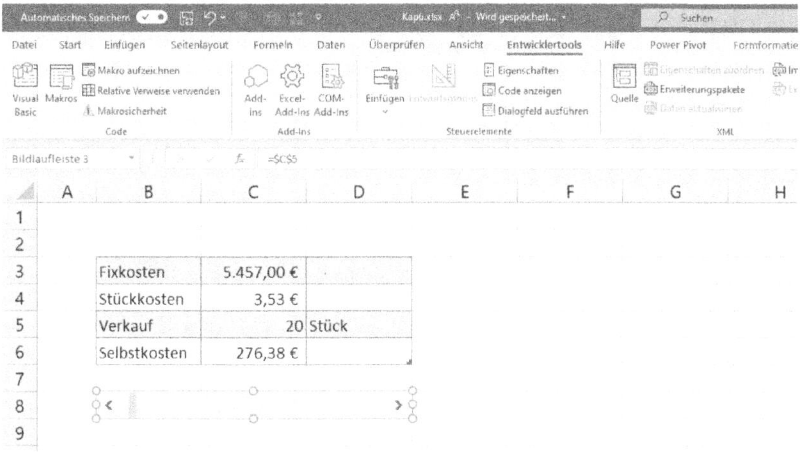

Klicken Sie das Steuerelement mit der rechten Maustaste an und wählen Sie aus dem Kontextmenü **Steuerelement formatieren...**

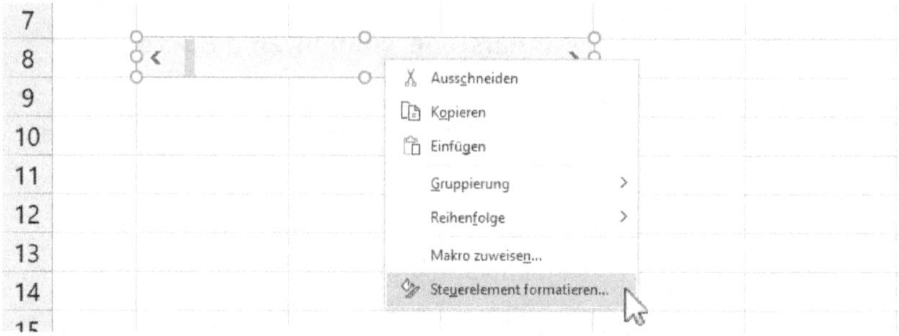

Von den angebotenen Eigenschaften ist hier nur die Karte **Steuerung** interessant.

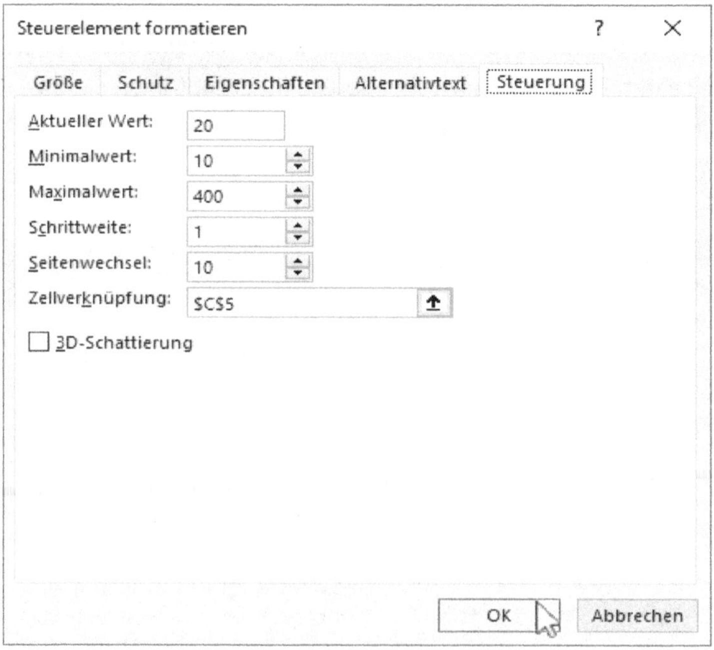

Hier kann der Minimal- und Maximalwert des Schiebers festgelegt werden und ggf. die Schrittweite. Und im Feld **Zellverknüpfung** natürlich auf jeden Fall, in welcher Zelle der entsprechende Wert erscheinen soll. Klicken Sie dann auf **OK**. Jetzt klicken Sie zunächst irgendwohin, um den Schieber wieder in den Normalmodus zu versetzen. Dann können Sie an dem kleinen Strich im Schieberegler schieben und beobachten, wie sich der Inhalt hier der Zelle C5 jeweils ändert – und mit ihm die Selbstkosten in C6. Wenn Sie mit dem Ergebnis zufrieden sind, sollte jetzt noch die Zelle C5 vom Zellschutz befreit werden und dann das ganze Blatt geschützt. Der Schieberegler kann jetzt weiterhin bedient werden, alle sonstigen Inhalte sind geschützt. Hier können Sie einmal ausprobieren, den Nutzern gar nichts zu erlauben – der Regler funktioniert trotzdem!

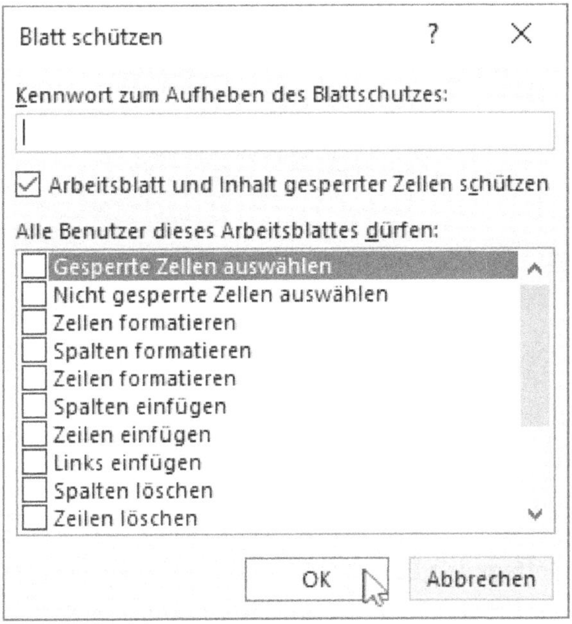

7 Nachsehen, was wann passiert ist

Zellen oder ganze Arbeitsmappen mit Passworten zu sichern ist sicherlich ein guter Weg, wenn es eigentlich sowieso nur wenige Leute gibt, die rechtmäßig wichtige Änderungen vornehmen können sollen. Manchmal ist das aber nicht praktikabel. Und vielleicht geht es auch weniger um fehlerhafte Eingaben als darum festzustellen, wann eigentlich was wie und am Liebsten auch von wem geändert wurde. Und wie man vielleicht die ursprüngliche Fassung wiederbekommt. Die hierfür notwendigen Werkzeuge waren früher leicht über das Menüband zugreifbar, das hat Microsoft anscheinend aber nicht mehr gefallen, also müssen wir uns die Schaltflächen selber zurückholen.

Der perfekte Platz dafür ist die Schnellzugriffsleiste. Um sie anzupassen, gehen Sie auf den kleinen Klappfeil ganz rechts und wählen Sie **Weitere Befehle...**

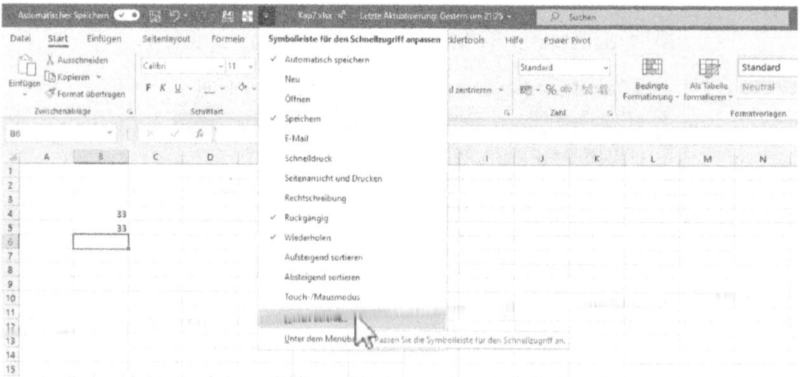

In dem sich öffnenden Dialogfenster lassen Sie sich erst alle Einträge anzeigen. Aus der dann sehr langen Liste brauchen wir drei Befehle:

Änderungen nachverfolgen, **Arbeitsmappe teilen** und **Teilen Schützen**.

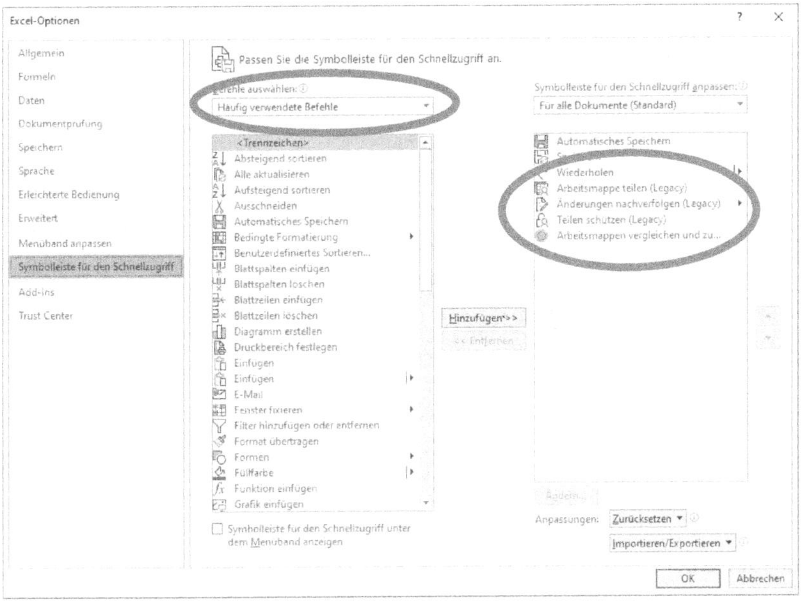

Mit einem Doppelklick befördern Sie die Befehle auf die rechte Seite, wodurch sie dann nach Klick auf **OK** in der angezeigten Reihenfolge in der Schnellzugriffsleiste landen.

Jetzt haben Sie alle Werkzeuge beisammen und können zwecks Nachverfolgbarkeit zukünftiger Eingaben auf die Schaltfläche **Arbeitsmappe schützen und teilen** klicken.

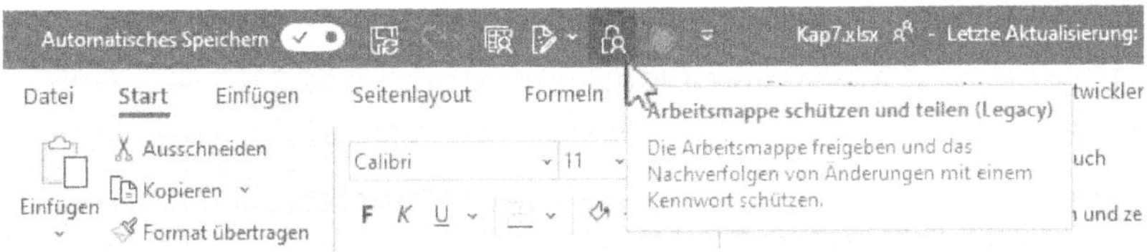

Aktivieren Sie dort die **Freigabe mit Änderungsprotokoll** und vergeben Sie im Ernstfall ein Passwort.

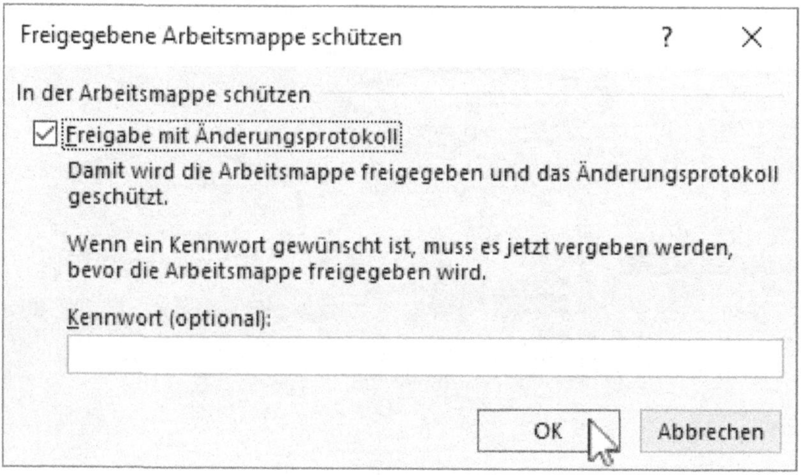

Es gibt dann noch eine Sicherheitsabfrage und dann wird die Datei gespeichert.

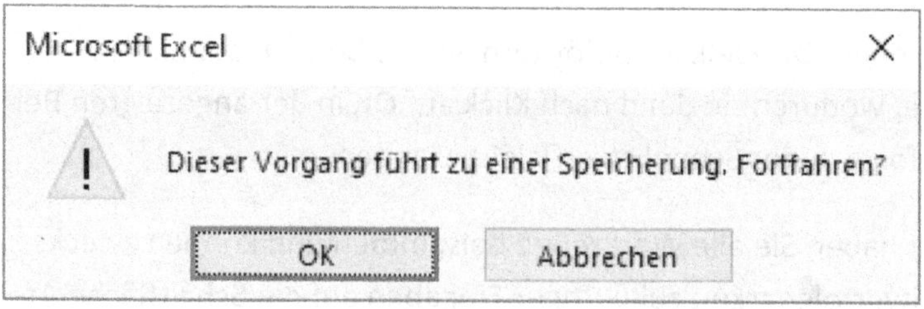

Wenn Sie jetzt auf **OK** klicken – was Sie tun sollten, wenn Sie die folgenden Schritte nachvollziehen wollen – ist Microsoft beleidigt. Man möchte dort, dass die Cloud-Funktionen verwendet werden, die unbestritten große Vorteile haben. Aktuell werden diese in Unternehmen aber noch wenig genutzt. Für die Arbeit auf einem Netzlaufwerk oder anderen klassischen Speichermedien müssen wir also auch weiter mit den klassischen Möglichkeiten wie der Arbeitsmappenfreigabe arbeiten. Klicken Sie deshalb **Jetzt nicht**.

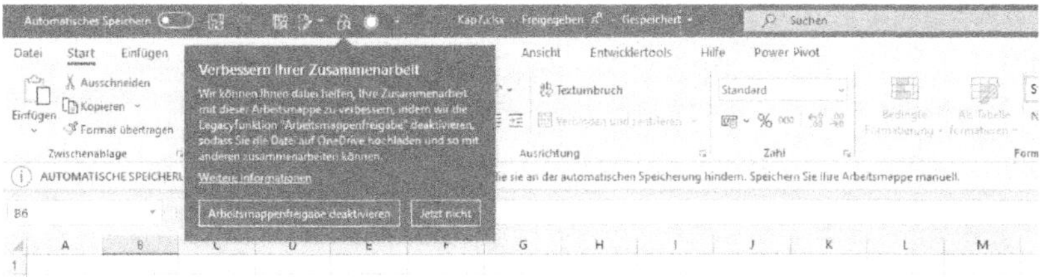

In der Titelzeile sehen Sie der Datei jetzt an, dass sie freigegeben ist zur Bearbeitung durch andere Nutzer. Auch den Hinweis, dass die Arbeitsmappe jetzt nicht automatisch gespeichert werden kann, können Sie wegklicken – er teilt Ihnen nur mit, was Sie eben auch schon wussten, nämlich dass Sie gerade nicht mit Cloud-Funktionalitäten arbeiten.

Jetzt können in der Datei Änderungen vorgenommen werden. Testweise habe ich jetzt verschiedene Inhalte eingegeben, Formate verteilt und Tabellenblätter eingefügt. Danach speichere ich die Datei.

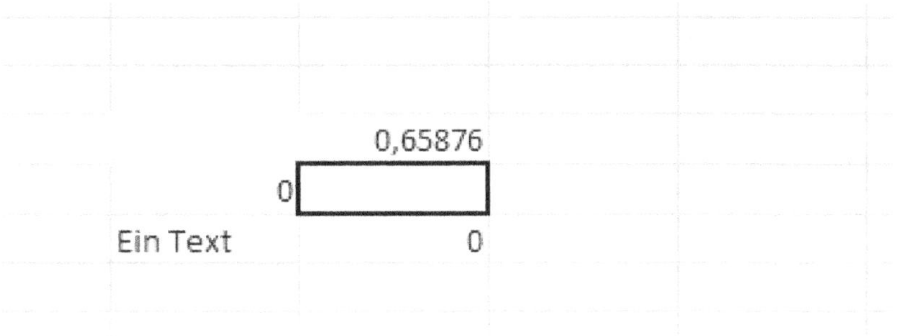

Wenn ich jetzt wissen will, was hier wann durch wen geändert wurde, kann ich das durch Klick auf **Änderungen hervorheben…** nachvollziehen.

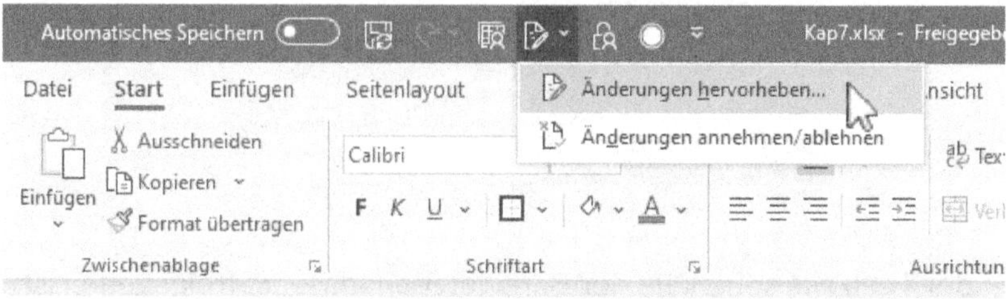

Das sich öffnende Fenster ist etwas verwirrend und man sollte sich erst umsehen, wenn etwas Bestimmtes gesucht wird. Wenn man aber wirklich alle Änderungen sehen will, muss man alle Häkchen entfernen.

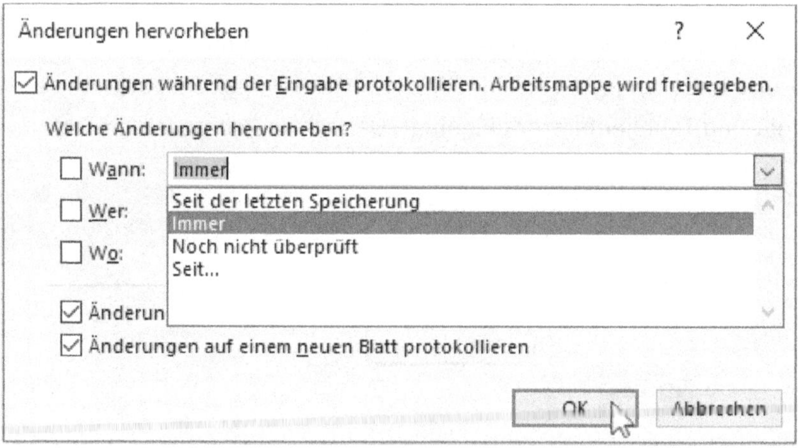

Setzen Sie am besten wie oben auch das Häkchen für das neue Blatt. Nach Klick auf **OK** bekommen Sie nahezu alle Änderungen angezeigt – einerseits da, wo sie passiert sind,

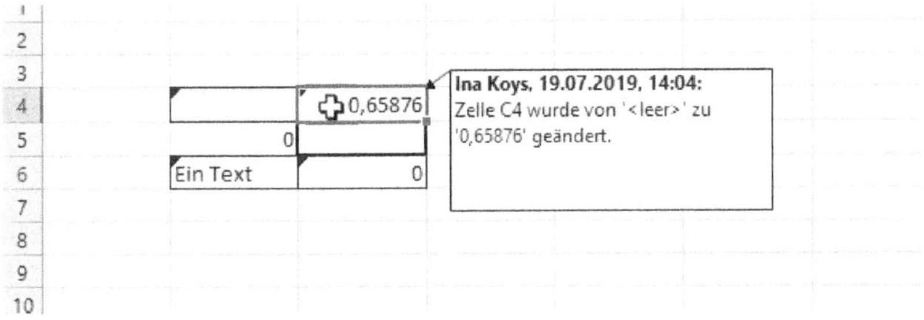

andererseits gibt es ein neues Tabellenblatt namens **Änderungsverlauf**, in dem die Schritte aufgeführt sind.

Aktionsnummer	Datum	Zeit	Wer	Änderung	Blatt	Bereich	Neuer Wert	Alter Wert	Ak
1	19.07.2019	14:04	Ina Koys	Zeile automatisch eingefügt	Tabelle1	'6:6			
2	19.07.2019	14:04	Ina Koys	Änderung in der Zelle	Tabelle1	B6	Ein Text	<leer>	
3	19.07.2019	14:04	Ina Koys	Änderung in der Zelle	Tabelle1	C4	0,65876	<leer>	
4	19.07.2019	14:04	Ina Koys	Änderung in der Zelle	Tabelle1	C6	'=B5/C4	<leer>	
5	19.07.2019	14:04	Ina Koys	Änderung in der Zelle	Tabelle1	B4	<leer>	33	
6	19.07.2019	14:04	Ina Koys	Tabelle eingefügt	Tabelle2				

Der Verlauf hört mit den Änderungen, die am 19.07.2019 um 14:04 gespeichert wurden, auf.

Wie man sieht, stehen dort alle Änderungen seit Einschalten des Änderungsprotokolls. Außerdem ist gleich ein Autofilter hinterlegt worden. Damit ist auch in langen Listen ein bestimmter Eintrag leichter zu finden. Zu erkennen ist auch, dass nur Inhaltsänderungen der Zellen gelistet sind, keine neuen Formatierungen. Ebenso ist interessant, dass zwar das Einfügen neuer Tabellenblätter protokolliert wird, gleichzeitig aber das Löschen von Tabellenblättern so lange unmöglich ist, wie die Änderungsnachverfolgung aktiv ist. Der Grund lässt sich erraten: das Löschen von Tabellenblättern ist und bleibt nicht rückgängig zu machen.

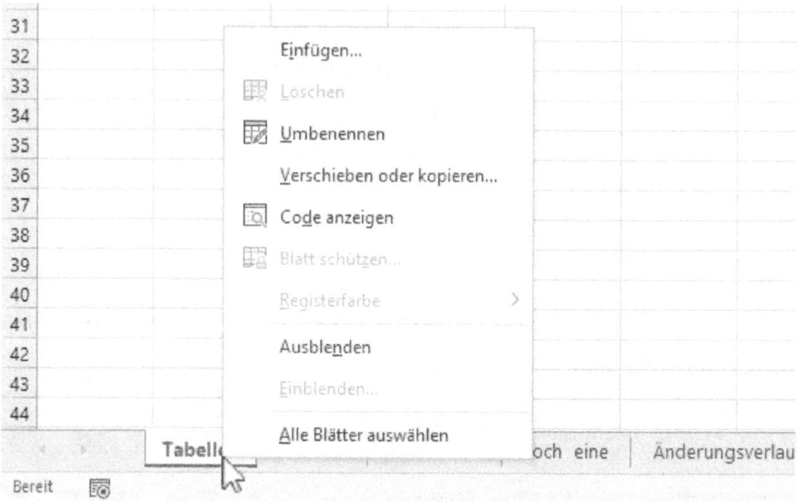

Ein Detail, das Ihnen vielleicht besonders gefällt, habe ich bisher nicht erwähnt: die namentliche Erwähnung dessen, der die Änderungen vorgenommen hat. Das liegt daran, dass die Sache nicht so praktikabel und verlässlich ist wie sie zunächst scheint.

Diese Angabe setzt nämlich auf den hinterlegten Nutzernamen auf, der jederzeit vom Nutzer beliebig geändert werden kann. Es handelt sich bei dieser Angabe also mehr um einen hoffnungsvollen Versuch dass er klappen möge, weniger um ein Sicherheitsfeature. Sofern Sie Ihren Nutzernamen ändern möchten, öffnen Sie den Backstagebereich mit einem Klick auf das Register **Datei** und wählen Sie den untersten Punkt **Optionen**. Unter dem ersten Eintrag **Allgemein** können Sie u.a. Ihren Nutzernamen ändern wie Sie möchten – auch in Unternehmensumgebungen. Die Namensauflistung ist also sicherlich oft hilfreich, ein Beweis ist sie aber nicht.

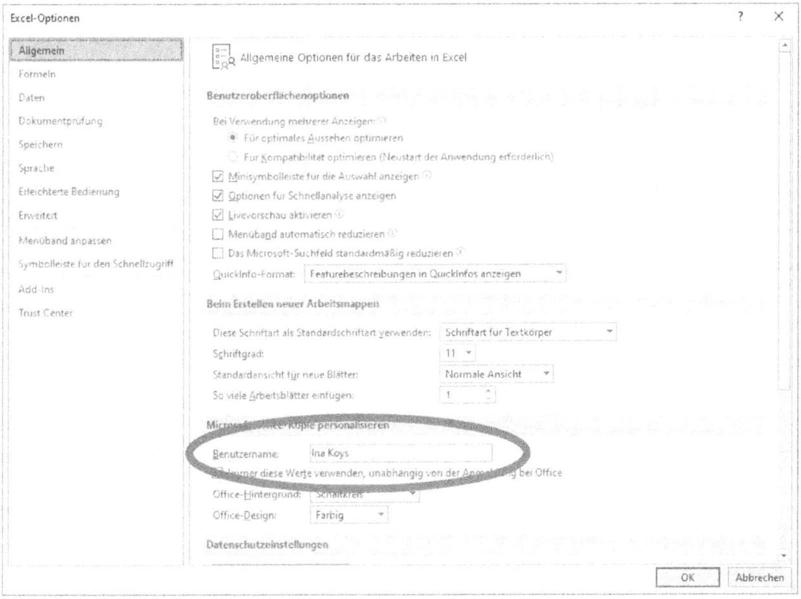

Zurück zur Arbeitsmappe. Wir haben nun haben unsere Tabelle mit Änderungsverlauf und können uns alles ansehen, rückgängig machen können wir etwaige Fehler hier aber noch nicht. Für diesen Schritt brauchen wir eine andere Funktion. Gehen Sie dazu in das geschützte Tabellenblatt zurück und wählen Sie **Änderungen annehmen/ablehnen**.

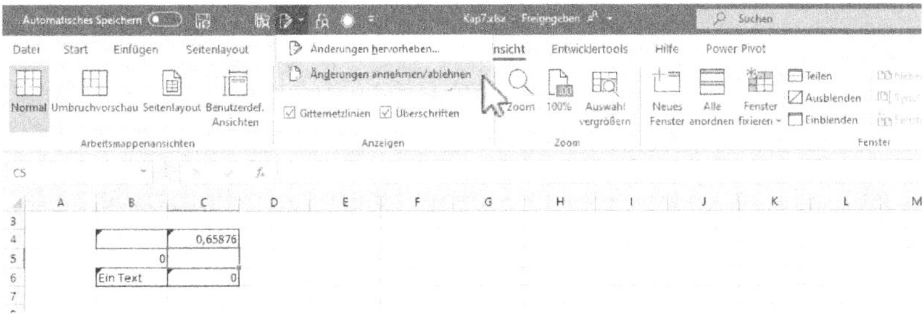

Es wird wieder nach einer Speicherung gefragt, die auch ausgeführt werden muss. Dann können Sie auswählen, welche Änderungen Sie vorgelegt bekommen möchten.

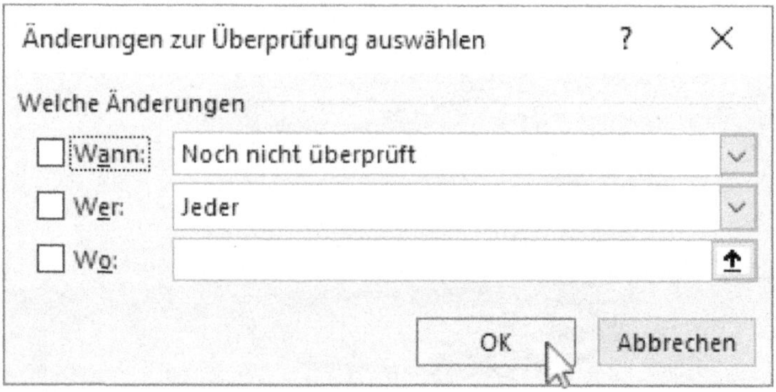

Es wird dann jede einzelne Änderung zur Genehmigung vorgelegt, manchmal mit automatisch damit verbundenen Folgen.

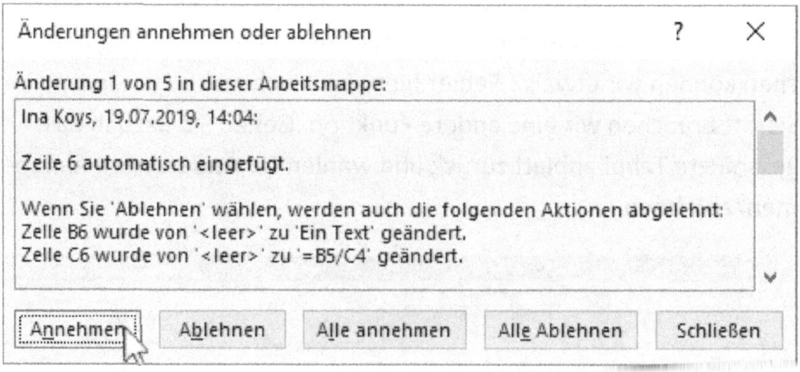

Lässt man danach sowie nach dem Speichern noch einmal die Änderungsverfolgung durchlaufen, werden auch die rückgängig gemachten Aktionen angezeigt.

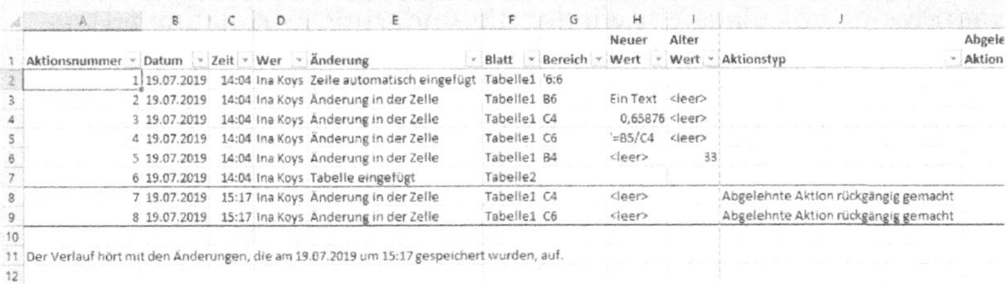

Aktionsnummer	Datum	Zeit	Wer	Änderung	Blatt	Bereich	Neuer Wert	Alter Wert	Aktionstyp	Abgele Aktion
1	19.07.2019	14:04	Ina Koys	Zeile automatisch eingefügt	Tabelle1	'6:6				
2	19.07.2019	14:04	Ina Koys	Änderung in der Zelle	Tabelle1	B6	Ein Text	<leer>		
3	19.07.2019	14:04	Ina Koys	Änderung in der Zelle	Tabelle1	C4	0,65876	<leer>		
4	19.07.2019	14:04	Ina Koys	Änderung in der Zelle	Tabelle1	C6	'=B5/C4	<leer>		
5	19.07.2019	14:04	Ina Koys	Änderung in der Zelle	Tabelle1	B4	<leer>	33		
6	19.07.2019	14:04	Ina Koys	Tabelle eingefügt	Tabelle2					
7	19.07.2019	15:17	Ina Koys	Änderung in der Zelle	Tabelle1	C4	<leer>		Abgelehnte Aktion rückgängig gemacht	
8	19.07.2019	15:17	Ina Koys	Änderung in der Zelle	Tabelle1	C6	<leer>		Abgelehnte Aktion rückgängig gemacht	

Der Verlauf hört mit den Änderungen, die am 19.07.2019 um 15:17 gespeichert wurden, auf.

Falls die Liste irgendwann unübersichtlich werden sollte, können einzelne Möglichkeiten noch unter der Schaltfläche **Arbeitsmappe teilen** angepasst werden.

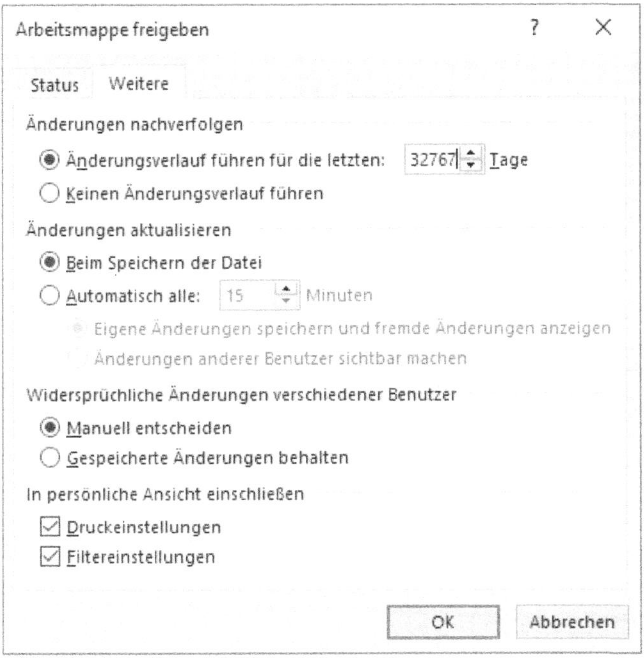

Standardmäßig wird der Änderungsverlauf für 30 Tage aufgehoben, aber bei Bedarf kann alles auch für 32767 Tage, also knapp 90 Jahre, aufgehoben werden. Voraussichtlich wird das reichen.

Irgendwann soll vielleicht wieder die Änderungsverfolgung ausgeschaltet werden, dabei wird dann auch die gesamte Historie verworfen. Soll diese aufgehoben werden, kann das Änderungsblatt vorher noch in eine separate Datei verschoben oder kopiert werden.

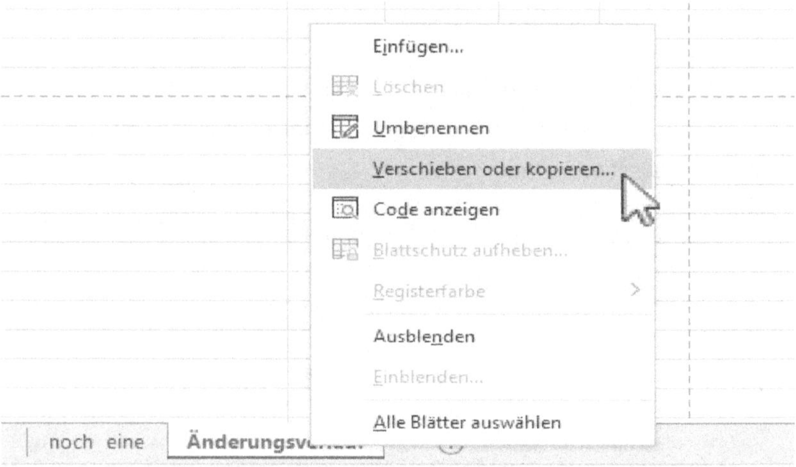

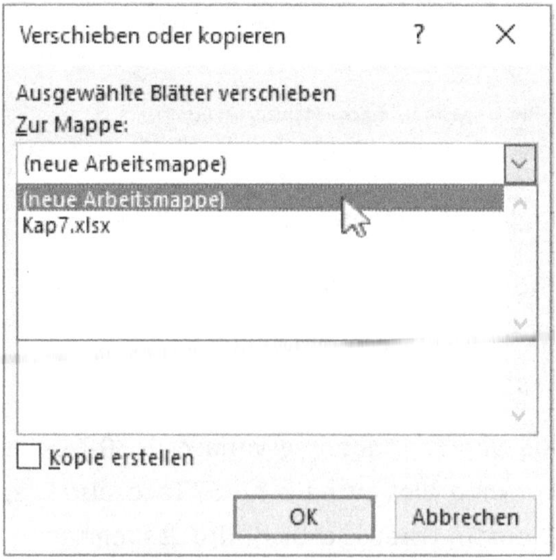

Danach kann dann die Freigabe der alten Arbeitsmappe wirklich über die Registerkarte **Überprüfen** und **Arbeitsmappe nicht mehr teilen** aufgehoben werden.

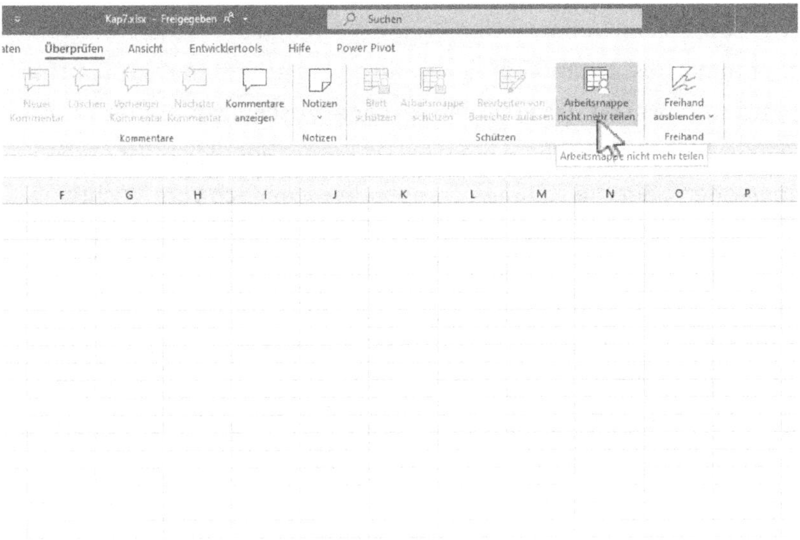

8 Freie Eingaben wiederholen

Gelegentlich müssen Beschlüsse auf Basis mehrerer möglicher Zahlen getroffen werden: Was wäre, wenn wir soundsoviel Stück einer Ware absetzen, wenn wir den Preis erhöhen, die Fixkosten senken oder ähnliches. Je umfangreicher die einberechneten Faktoren sind, desto schwerer ist das Ergebnis vorher abzuschätzen. Sicher kann man jeweils verschiedene Eingaben machen, aber leicht ist etwas übersehen oder die ständige Tipperei lenkt einfach vom Wichtigen ab: der Beschlussfassung, welches der verschiedenen Szenarien nun eigentlich angegangen werden soll.

Naturgemäß sind die Einflussfaktoren umfangreich, die Berechnungen ebenfalls. Wir verwenden hier ein kleines übersichtliches Beispiel, in der Tat können pro Szenario bis zu 32 veränderbare Zellen definiert werden, die Anzahl der Szenarien selbst pro Arbeitsmappe wird durch den Arbeitsspeicher des Rechners begrenzt. Für die normale Arbeit wäre das praktisch gleichbedeutend mit unbegrenzt. Die folgende sehr schlichte Kalkulation soll hier als Beispiel dienen:

	A	B	C	D
1				
2		Stückzahl:	200	
3		Herstellung / Stück:	50,00 €	
4		Fixkosten:	30,73 €	
5		Verkaufspreis:	99,99 €	
6		Kosten:	10.030,73 €	
7		Erlös:	19.998,00 €	
8		**Ergebnis:**	**9.967,27 €**	

In den oberen vier Zeilen stehen frei eingetragene Werte, Kosten, Erlös und Ergebnis rechnen auf deren Basis jeweils das so zu erwartende Ergebnis aus. Damit niemand die hochintellektuellen Gleichungen ändern kann, habe ich einen Blattschutz verteilt.

Außerdem ist es bei Szenarien zwar nicht erforderlich, aber deutlich übersichtlicher, wenn Namen für die zu verändernden Zellen vergeben werden. Dazu würde man in die jeweils betreffenden Inhaltszellen klicken und dann im **Namenfeld** links durch Eintippen und – Wichtig! – anschließenden Klick auf die Entertaste verteilen.

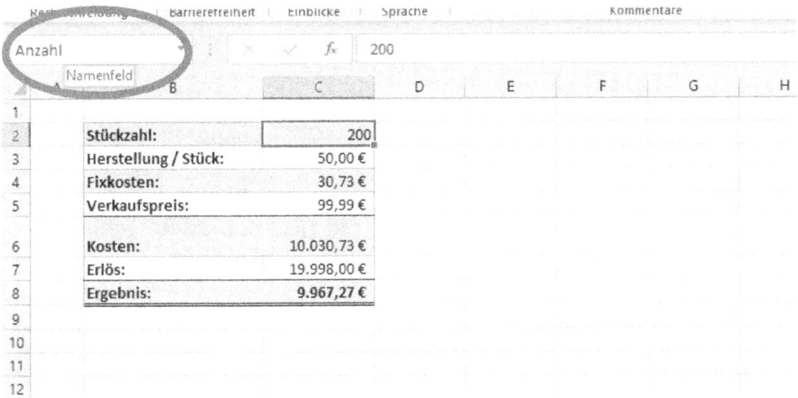

Namen können im Prinzip frei gewählt werden, sie müssen aber unbedingt mit einem Buchstaben anfangen, dürfen kein Leerzeichen haben und nicht aussehen wie ein Zellbezug. Das Namensfeld ist nur aktivierbar wenn die Bearbeitung der Inhalte einer Zelle abgeschlossen ist, z.B. mit der Entertaste. Wenn alles funktioniert hat, kann man den Klapppfeil beim Namensfeld klicken und bekommt eine Liste der benannten Zellen. Wenn Sie mit der Verwendung von Namen noch nicht so vertraut sind, klicken Sie die einzelnen Einträge durch und kontrollieren Sie, ob wirklich die richtige Zelle angezeigt wird.

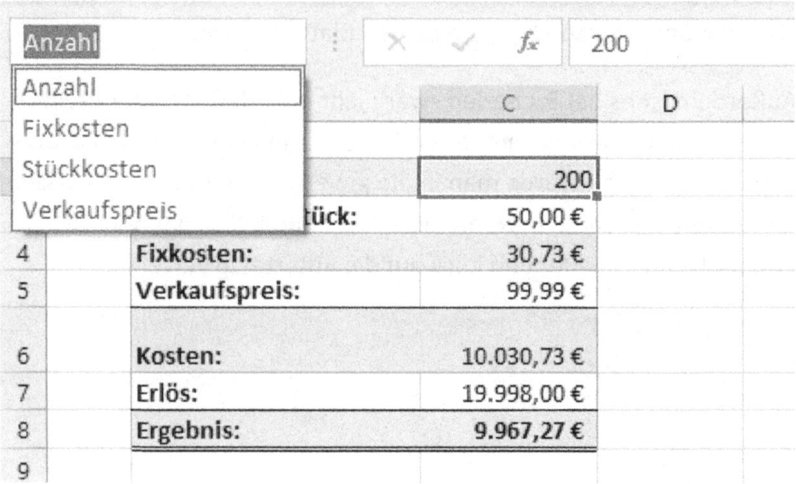

Sofern etwas schief gegangen ist weil Sie z.B. meinen Ratschlag nicht befolgt haben und nicht gleich nach dem Eintippen des Namens auf **Enter** geklickt haben, ist die Korrektur des Namens möglich über die Registerkarte **Formeln** und dort den **Namensmanager**.

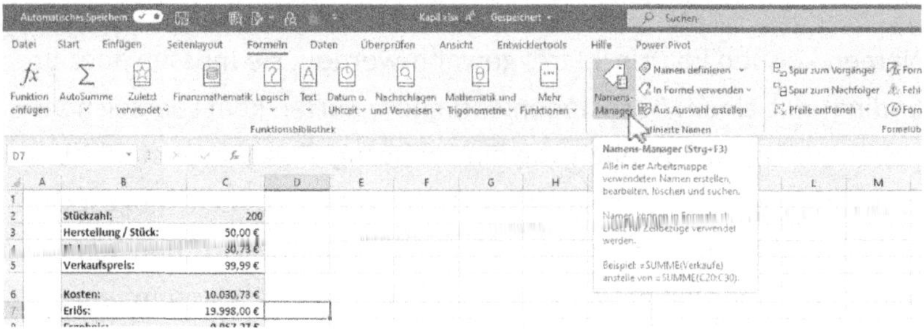

Ein Klick öffnet das Fenster, in dem fehlerhafte Bezüge angepasst oder gelöscht werden können.

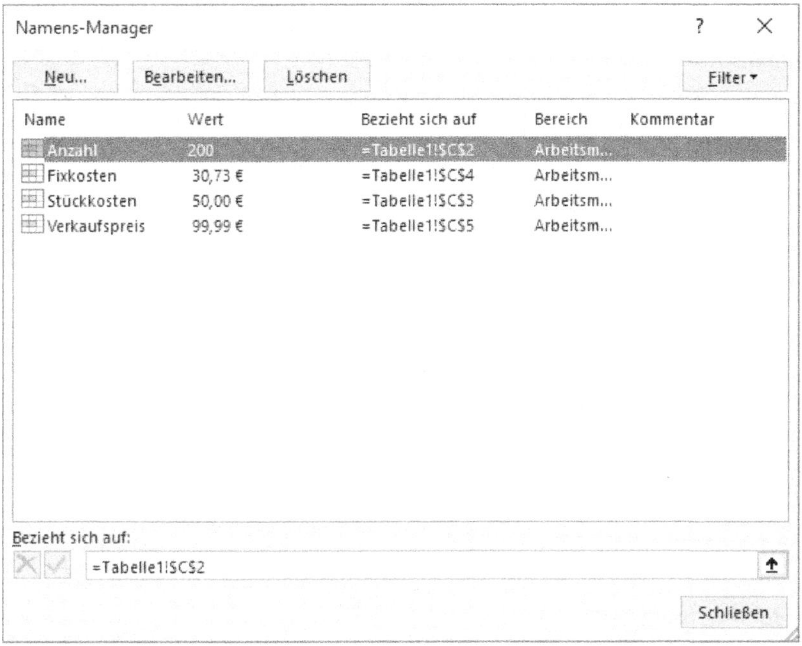

Wenn wir jetzt aber annehmen, dass alle Namen passen, kann nun das Szenario erstellt werden. In der Tat ginge es wie oben erwähnt auch ohne Namen, aber übersichtlich ist es dann nicht.

Also: in der Registerkarte **Daten** verbirgt sich unter der Schaltfläche **Was-wäre-wenn-Analyse** der Szenario-Manager.

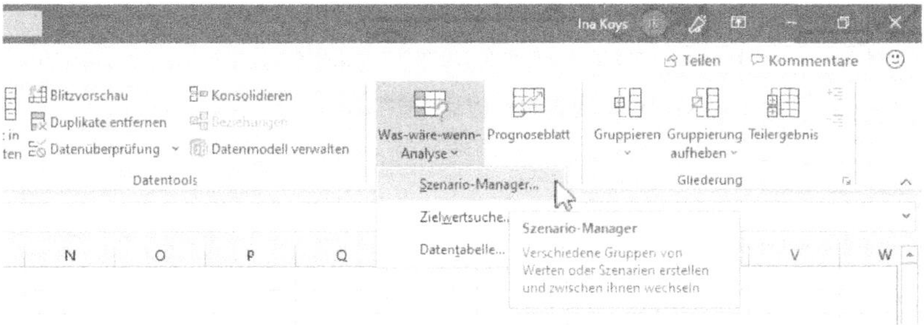

Da es aktuell noch kein Szenario in der Mappe gibt, fügen wir eins hinzu:

Günstigerweise sollten am Anfang die Ausgangswerte festgehalten werden. Dann kann man später jederzeit wieder darauf zurückgreifen, wenn man sich über Veränderungen geeinigt hat.

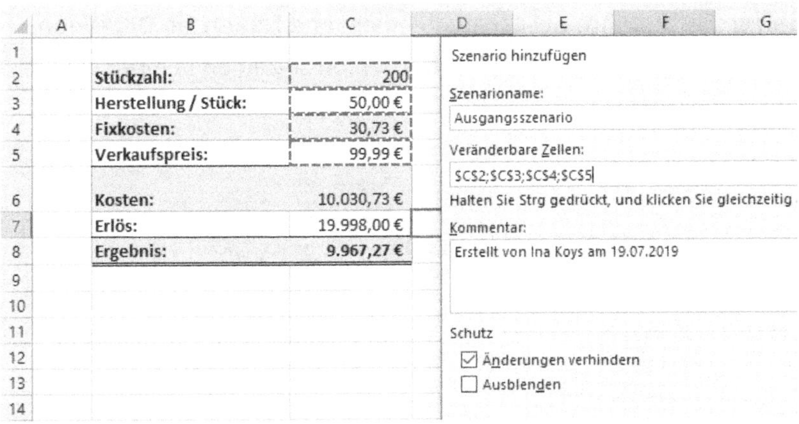

Nachdem also das Szenario zunächst einen aussagekräftigen Namen bekommen hat, können die veränderbaren Zellen ausgewählt werden. Möglich sind bis zu 32, in diesem Fall reichen uns 4. Es muss sich dabei jeweils um Zellen mit Zahlenwerten handeln, auf die sich dann weitere Berechnungen aufbauen. Sie können die Zellbezüge einfach so eintippen und mit Semikolon trennen oder bei gedrückter **STRG**-Taste anklicken. Nach einem Klick auf **OK** sehen wir dann im folgenden Fenster, warum wir vorhin Namen verteilt haben: ohne diese stünden dort als Ortsangabe nur Zellbezüge.

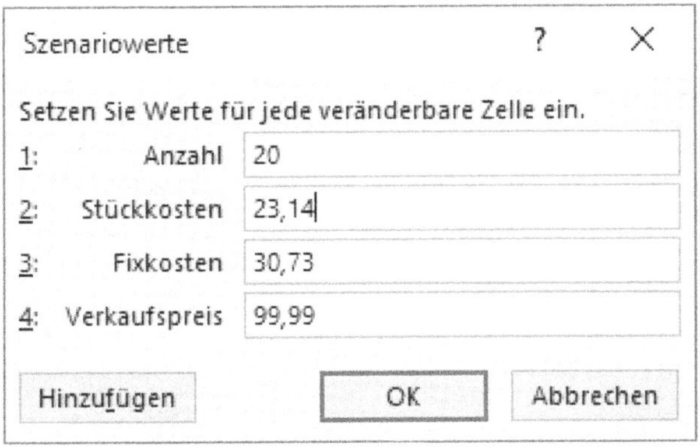

Setzen Sie also Ihre Ausgangszahlen ein und klicken Sie **OK**. Wenn Sie dann auf Anzeigen klicken, werden diese Zahlen in Ihre Kalkulation eingesetzt.

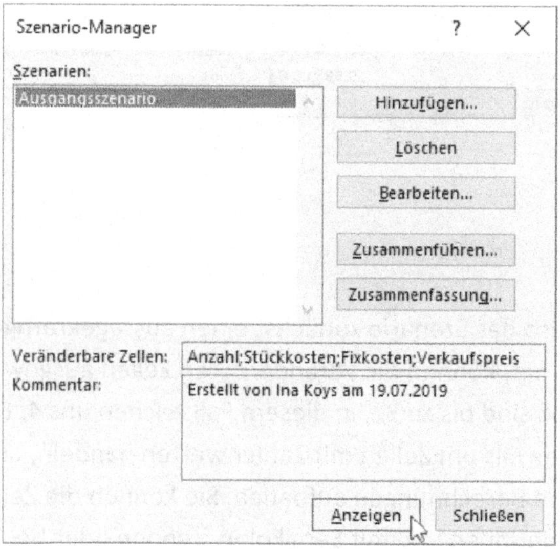

Das Fenster bleibt aber offen und Sie können die weiteren Annahmen über den Knopf **Hinzufügen...** hinterlegen.

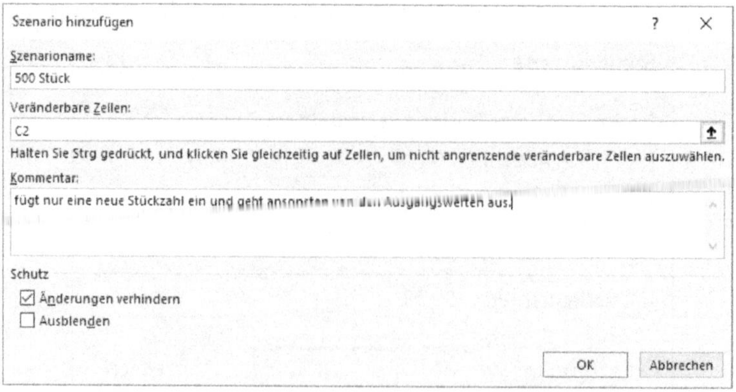

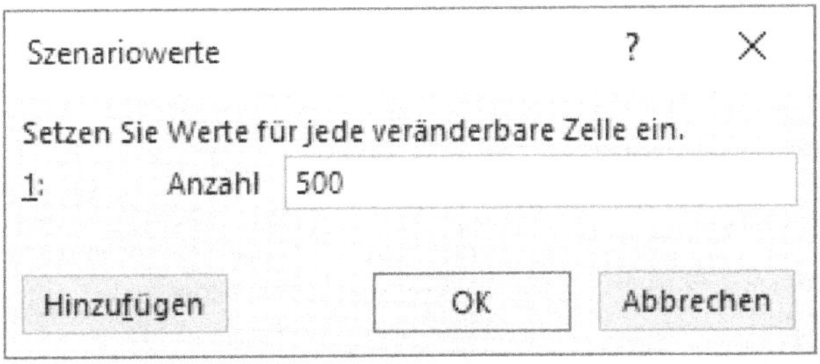

Ein Klick auf **OK** bringt uns jetzt wieder in das Ausgangsfenster zurück, in dem die Zahlen angezeigt und bei Bedarf weitere Szenarien hinzugefügt werden können.

Die jeweils in den Szenarien festgelegten Zahlen werden auf Mausklick angezeigt und durchgerechnet.

Sollen die verschiedenen Möglichkeiten dann nicht nur auf dem Bildschirm angesehen sondern auch gedruckt werden, hilft ein Klick im Szenario-Manager auf **Zusammenfassung**. Hier wird zunächst abgefragt welche eigentlich die Zelle mit dem wichtigen Ergebnis ist,

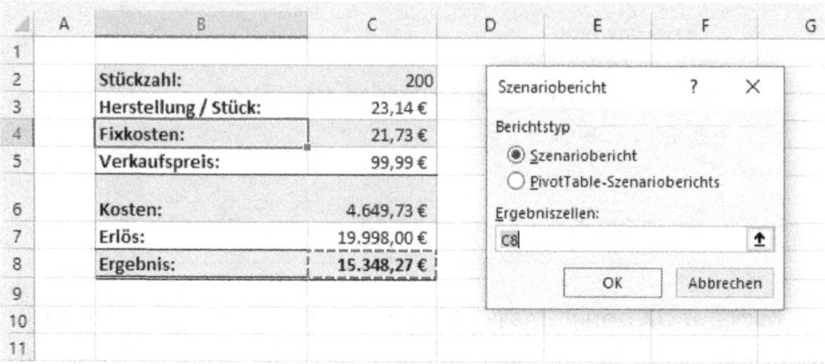

bevor dann alle Varianten auf einem neuen Tabellenblatt dargestellt werden.

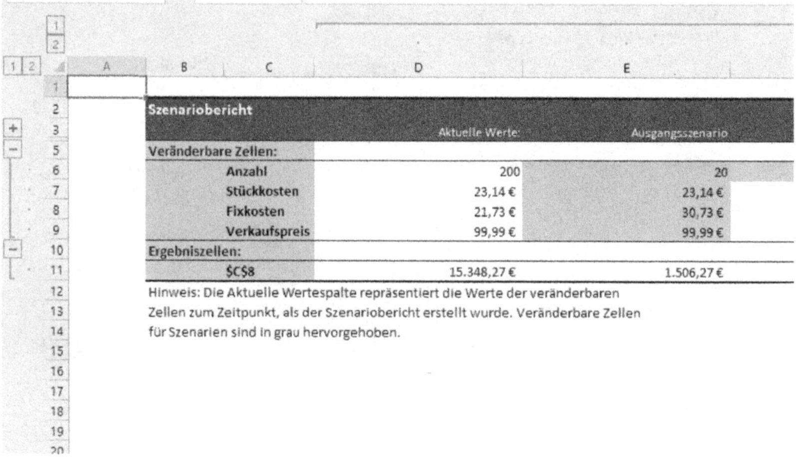

Die grau hinterlegten Zellen entsprechen den durch das entsprechende Szenario festgelegten Werten, die weiß hinterlegten sind frei eingetragen.

Achten Sie an der Seite auch auf die **+** bzw. **–** Zeichen. Sie sind die Symbole für eine hier automatisch hinterlegte Gruppierung. Sie können damit die für Sie unterschiedlich relevanten Bereiche ein- und ausklappen, um damit die optimale Darstellung zu erreichen.

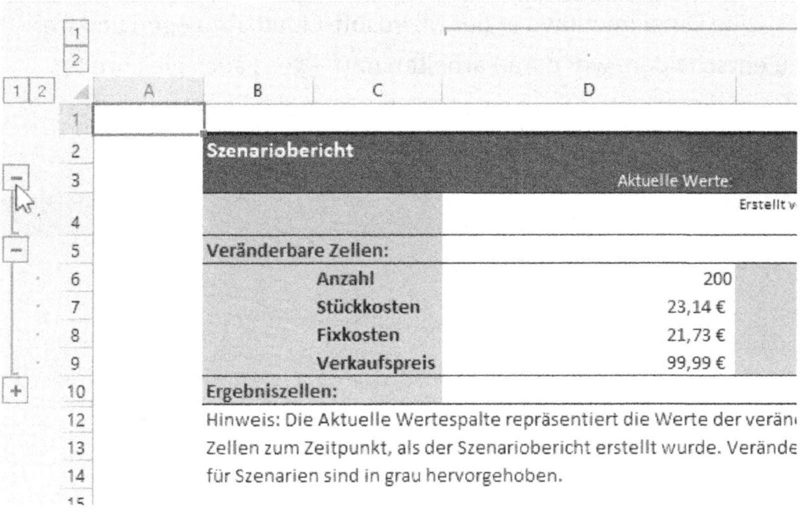

Mit den kleinen Symbolen vor der Wurzelzelle kann bei Bedarf die ganze Ebene ein- oder ausgefaltet werden.

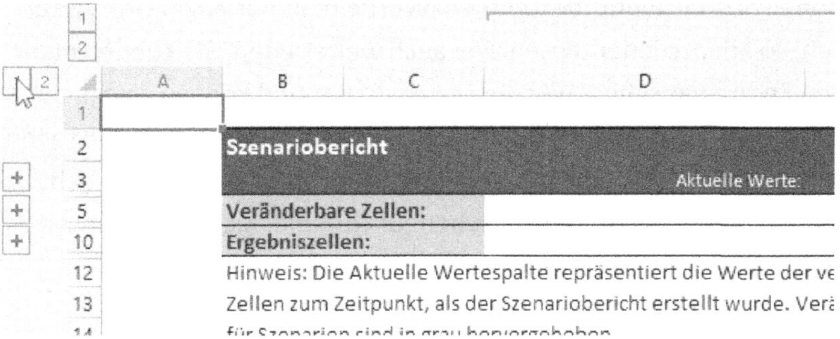

9 Gemeinsames Arbeiten in Excel 365

Was wir bisher besprochen haben, funktioniert sowohl in Excel 2019 als auch 365. Aber es gibt ja nicht ohne Grund gleichzeitig zwei aktuelle Versionen. Die Cloud-Funktionalitäten von Excel 365 erlauben es, eine Datei irgendwo in der Microsoft-Cloud abzulegen und frei zu entscheiden, wer daran arbeiten darf – gern auch gleichzeitig. Wenn die Arbeitsmappe also bereits am geeigneten Speicherort liegt, kann sie mit **Teilen** freigegeben werden.

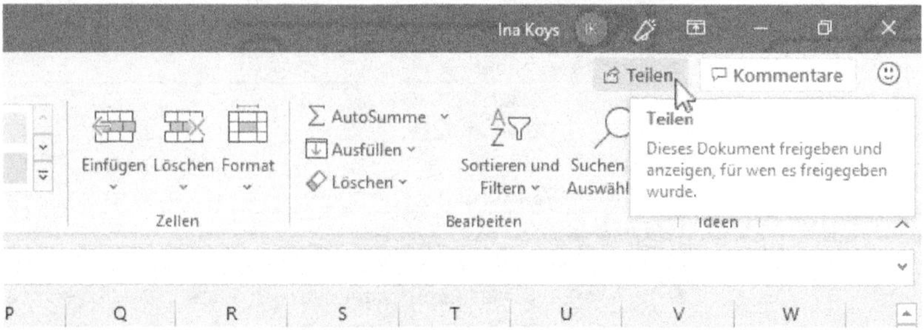

In den sich öffnenden Linkeinstellungen können Sie festlegen, wer Zugriff haben soll und ob diese Personen auch bearbeiten können sollen. Häufig wird es gewünscht sein, dass genau identifizierte Personen Schreibzugriff bekommen. Würde man nur einen Link verteilen, so könnte jeder diesen Link auch weiterleiten. Sie können dann am Ende zwar sehen, wer was gemacht hat und können es ggf. auch wieder rückgängig machen. Dennoch können auf diese Art Personen informiert werden, die mit dem fraglichen Thema eigentlich nicht befasst sind. Gehen Sie also lieber auf Nummer sich und legen Sie fest, wer Zugriff haben soll.

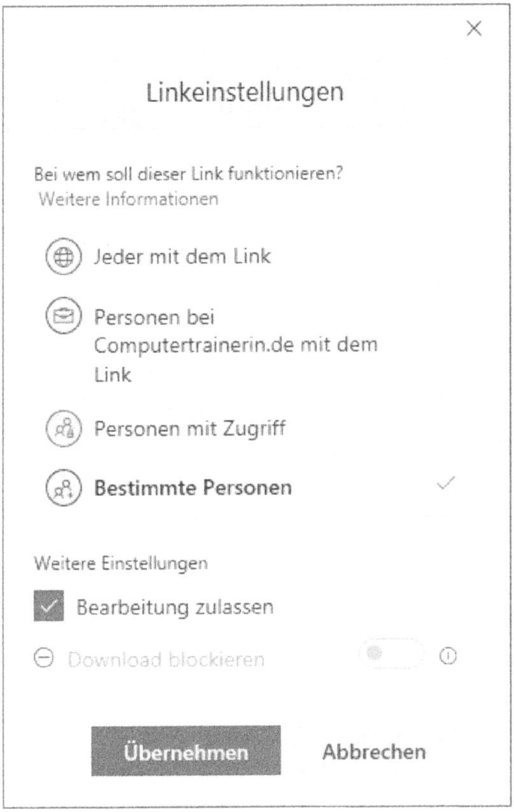

Nach Klick auf **Übernehmen** kann ich aussuchen, wem der Zugriff gegeben werden soll.

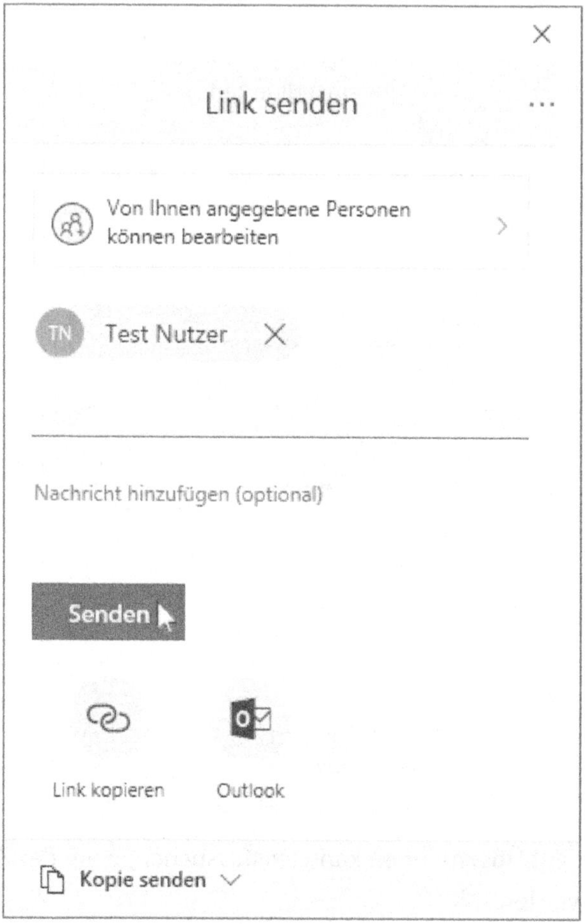

Die entsprechenden Nutzer bekommen dann eine E-Mail mit der Information – in der Tat brauchen sie die aber gar nicht. Auch ohne die Mail können sie die Datei z.B. im Backstagebereich der entsprechenden Anwendung öffnen.

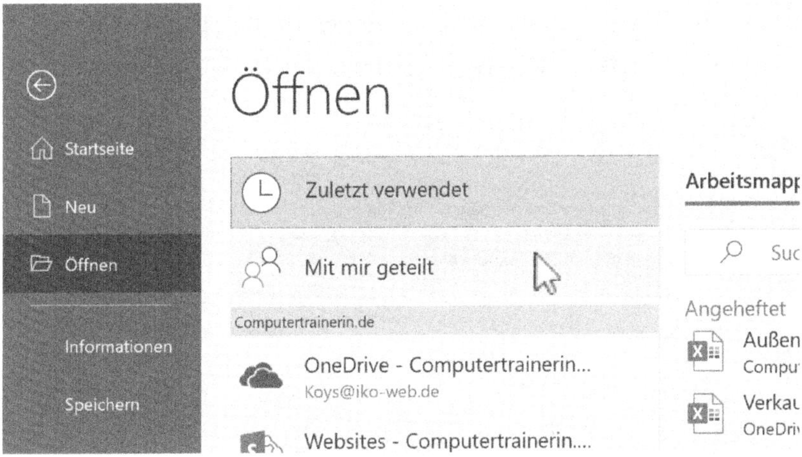

Mit einem Klick auf die entsprechende Datei ist der Rechteempfänger in der Datei, der Rechtegeber erfährt sofort davon.

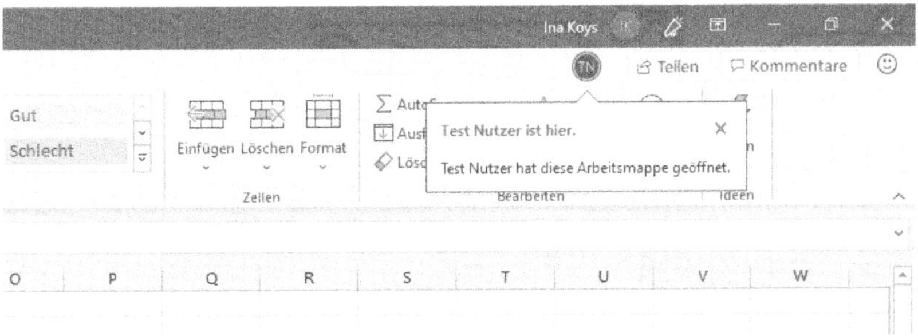

Beide Nutzer können jetzt gleichzeitig in der Datei arbeiten – und gern auch viele weitere Personen.

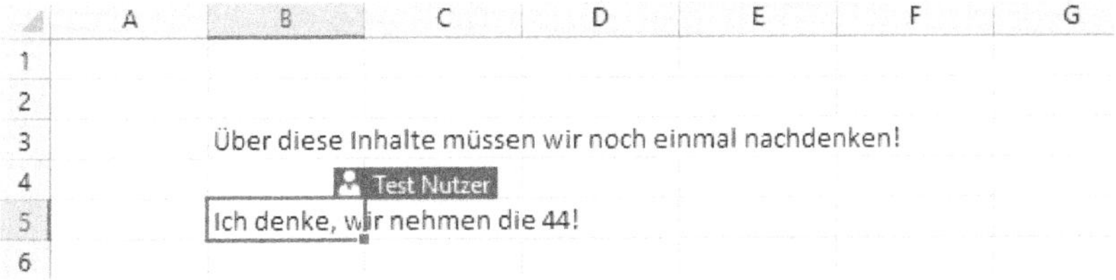

Das kann dann eine Weile hin und her gehen, alle Nutzer sehen jeweils mit geringfügiger Zeitverzögerung, wer was geändert hat.

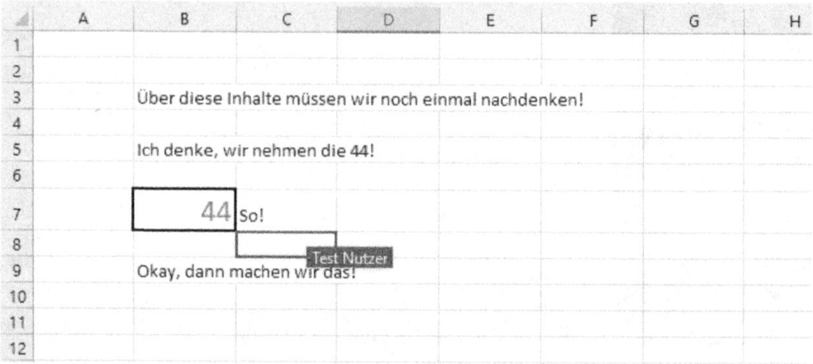

Soll für einen Berechtigten der Zugriff geändert werden, so funktioniert das wieder über den **Teilen**-Button rechts oben im Excel-Fenster und dann die drei Punkte.

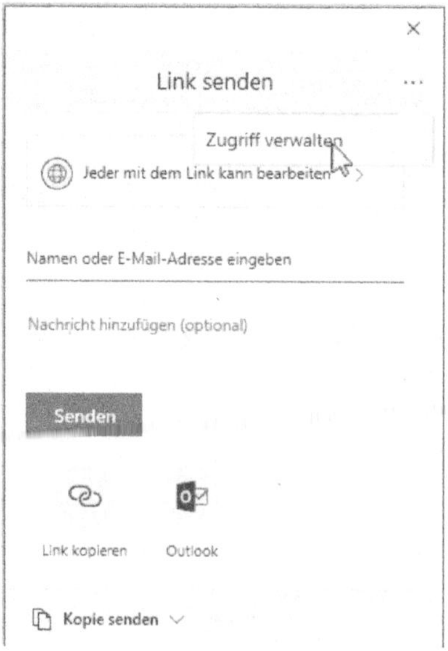

Nach Anklicken der jeweiligen Nutzer können diese z.B. wieder aus dem Kreis der Berechtigten entfernt werden.

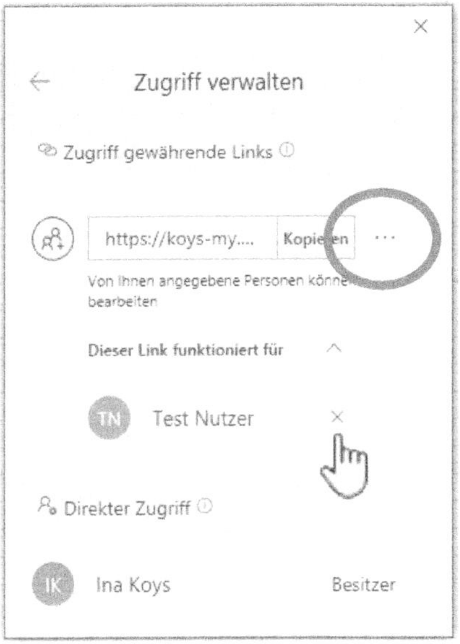

Weitere Einstellungsmöglichkeiten finden sich unter den drei Punkten neben dem Link.

Zur Erinnerung: auf dem OneDrive wird immer live gespeichert, der Nutzer muss sich nie selbst darum kümmern. Was ist jetzt, wenn mal etwas verkehrt war? Egal, ob vielleicht etwas nur ausprobiert und dann verworfen wurde oder jemand ernstliche Fehler gemacht hat? Auch das lässt sich selbstverständlich korrigieren. Denn jede in der Cloud gespeicherte Datei führt einen eigenen Versionsverlauf mit, auf den man im Bedarfsfall zurückgreifen kann und dann eine vorige Version zur aktuellen machen.

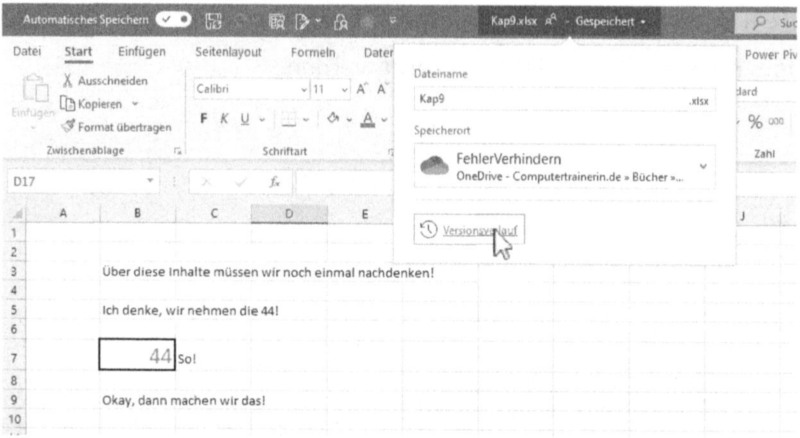

Sie bekommen dann den Versionsverlauf angezeigt und können die Variante doppelklicken, die Sie noch einmal neu geöffnet haben möchten.

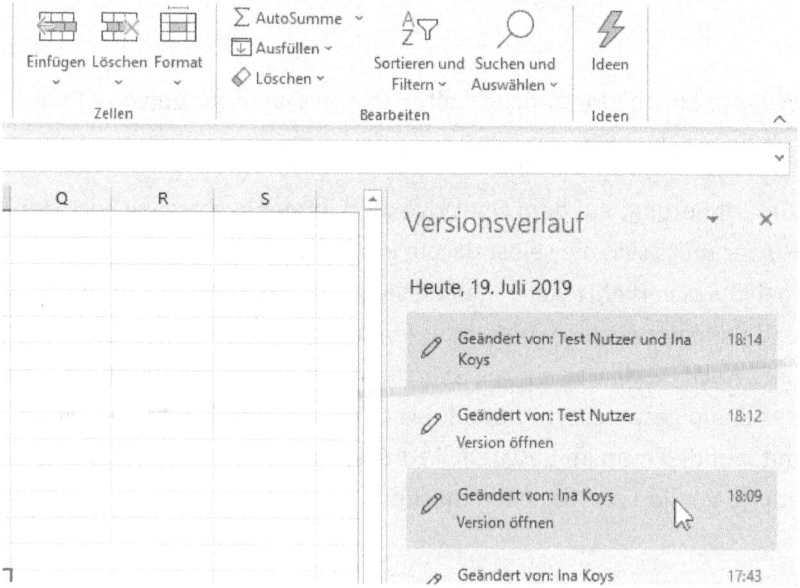

Wenn das die Version ist die Sie suchten, genügt ein Klick auf **Wiederherstellen**, und alles, was inzwischen darin stattgefunden hat, ist ungeschehen.

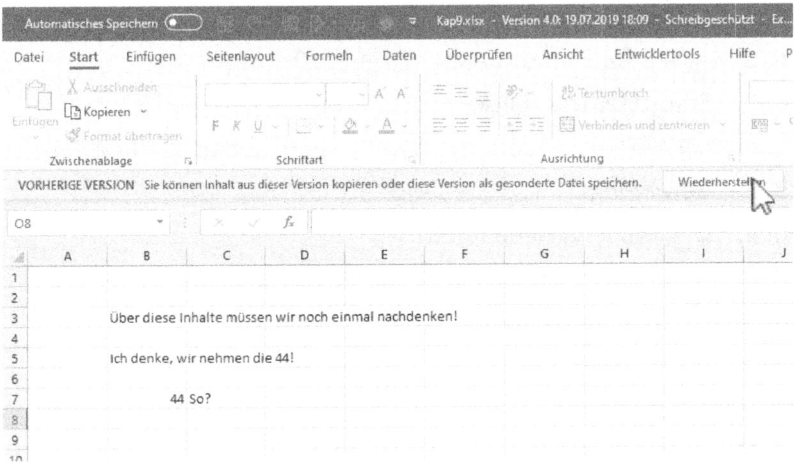

10 Weiterführendes

In der Reihe „kurz & knackig“ sind bisher erschienen:

Bd. 1: Eingaben steuern und nachverfolgen(Excel 2010 – 2016)
Bd. 2: Arbeit für Doofe sparen (Excel 2010 – 2016)
Bd. 3: Sofortiger Überblick
Bd. 4: Outlook als persönliche Assistentin (Outlook 2010 - 2016)
Bd. 5: Bewegung!
Bd. 6: Die Nadel im Heuhaufen
Bd. 7: Datenmassen bändigen (Excel 2010 – 2016)
Bd. 8: Mailings erstellen und selbst frankieren
Bd. 9: Das digitale Notizbuch
Bd. 10: Teamarbeit
Bd. 11: Office 365 – Was gibt's Neues?
Bd. 12: Office 2019 – Was gibt's Neues?
Bd. 13: Outlook 2019 als persönliche Assistentin
Bd. 14: Arbeit für Doofe sparen
Bd. 15: Datenmassen bändigen
Bd. 16: Outlook 365 als persönliche Assistentin
Bd. 17: Fehler verhindern

… diese und alle neuen jeweils unter

www.kurzundknackig.online und KurzUndKnackig

Made in the USA
Monee, IL
04 November 2026

67384270R00046